轻松学习系列丛书

轻松学习系统解剖学
（第2版）

主　编　张卫光
编　委　（按姓氏笔画排序）
　　　　王　旭　北京大学医学部
　　　　闫军浩　北京大学医学部
　　　　张　艳　北京大学医学部
　　　　张卫光　北京大学医学部
　　　　张书永　北京大学医学部
秘　书　张　艳

北京大学医学出版社

QINGSONG XUEXI XITONG JIEPOUXUE

图书在版编目（CIP）数据

轻松学习系统解剖学/张卫光主编. —2版. —北京：
北京大学医学出版社，2014.7（2019.9重印）
 ISBN 978-7-5659-0872-9

Ⅰ. ①轻… Ⅱ. ①张… Ⅲ. ①系统解剖学—医学院校—
教学参考资料 Ⅳ. ①R322

中国版本图书馆CIP数据核字（2014）第123242号

轻松学习系统解剖学（第2版）

主　　编：张卫光
出版发行：北京大学医学出版社
地　　址：（100191）北京市海淀区学院路38号 北京大学医学部院内
电　　话：发行部 010-82802230；图书邮购 010-82802495
网　　址：http://www.pumpress.com.cn
E - mail：booksale@bjmu.edu.cn
印　　刷：北京溢漾印刷有限公司
经　　销：新华书店
责任编辑：王智敏　　责任校对：金彤文　　责任印制：罗德刚
开　　本：787mm×1092mm 1/16　印张：11.75　字数：323千字
版　　次：2014年7月第2版　2019年9月第2次印刷
书　　号：ISBN 978-7-5659-0872-9
定　　价：26.00元
版权所有，违者必究
（凡属质量问题请与本社发行部联系退换）

出 版 说 明

如何把枯燥的医学知识变得轻松易学？

如何把厚厚的课本变得条理清晰、轻松易记？

如何抓住重点，轻松应试？

"轻松学习系列丛书（第1版）"自2009年出版以来，获得了良好的市场反响。为进一步使其与新版教材相契合，我们启动了第2版的改版工作。"轻松学习系列丛书（第2版）"与卫生部第8版规划教材和教育部"十二五"规划教材配套，并在前一版已有科目基础上进一步扩增了《轻松学习局部解剖学》《轻松学习药理学》《轻松学习医学细胞生物学》《轻松学习医学微生物学》《轻松学习医学遗传学》《轻松学习内科学》和《轻松学习诊断学》分册。形式上仍然沿用轻松课堂、轻松链接、轻松记忆、轻松应试等版块，把枯燥的医学知识以轻松学习的方式表现出来。

"轻松课堂"以教师的教案和多媒体课件为依据，把教材重点归纳总结为笔记形式，并配以生动的图片，节省了上课做笔记的时间，使学生可以更加专心地听讲。

"轻松记忆"是教师根据多年授课经验归纳的记忆口诀，可以帮助学生记忆知识的重点、难点。

"轻松应试"包括名词解释、选择题和问答题等考试题型，可以让学生自我检测对教材内容的掌握程度。

本套丛书编写者均为北京大学医学部及其他医学院校的资深骨干教师，他们有着丰富的教学经验。丛书的内容简明扼要、框架清晰，可以帮助医学生轻松掌握医学的精髓和重点内容，并在考试中取得好成绩。

前　言

系统解剖学是医学教育中非常重要的入门课程，是大多数基础医学和临床医学课程的基础。但解剖学内容繁杂，专业名词众多，缺乏连贯性和趣味性，致使大多数的医学生只能被动地死记硬背，知识的掌握和应用欠佳。

《轻松学习系统解剖学》立足于北京大学所开设的系统解剖学课程的培养目标和教学大纲，以卫生部规划教材《系统解剖学》为编写主线，贯穿以问题为导向学习（Problem-based Learning，PBL）的教学理念，力求激发医学生的学习主动性，提高学习兴趣，引导各医学专业的同学轻松学习人体解剖学，并有助于培养医学生的终生学习和交流协作能力。

本书采用轻松课堂、轻松链接、轻松记忆、轻松思考、轻松论坛、轻松图格和轻松应试的方式，轻松讲解系统解剖学的每一个章节。"轻松课堂"穿插"轻松记忆"力求简明扼要、框架清晰，让医学生轻松掌握系统解剖学的精髓和重点内容。"轻松链接"是将人体发生、发育及临床解剖学等领域的知识引入解剖学的学习过程，培养学习兴趣，力求事半功倍。"轻松思考"结合"轻松论坛"采用了30个临床病例和12个问题讨论，希望医学生从医学、社会、人口、环境、人文等多角度去分析和解决临床医学、人文和社会问题，以体现素质教育及培养自主学习的能力。"轻松图格"提供了六十余幅线性解剖图格，力求医学生在系统解剖学实习课观察记忆标本结构的基础上，动手、动笔填写解剖结构名词。"轻松应试"是近年来北京大学系统解剖学的3套试题精选，以检验对解剖知识的掌握。

本书不是教科书，但有系统解剖学的框架；本书不是应试指南，但有每个章节的精选试题呈现。本书有大量的轻松链接，有助于医学生探寻书本以外的知识海洋；本书有数十个临床病例或问题思考，有助于医学生主动学习、多角度思考、加强记忆。本书第1版得到了医学生的厚爱，再版力求更加突出特色。

本书由北京大学人体解剖学教研室的部分老师编纂完成，力求"轻松、精练、实用、创新、有特色"，但自感知识水平有限，且成书匆忙，定有错误或不妥之处，恳请指正，并借此对广大师生及全体编者表示衷心感谢！

张卫光
2014年5月20日于北京大学医学部

目 录

绪 论

轻松课堂 …………………………………… 1　　轻松图格 …………………………………… 2

运动系统

第一章　骨学 …………………………………… 3
　　轻松课堂 …………………………………… 3
　　轻松思考 …………………………………… 7
　　轻松图格 …………………………………… 8
　　轻松应试 …………………………………… 9
第二章　关节学 ………………………………… 13
　　轻松课堂 ………………………………… 13
　　轻松思考 ………………………………… 18

　　轻松图格 ………………………………… 18
　　轻松应试 ………………………………… 19
第三章　肌学 …………………………………… 23
　　轻松课堂 ………………………………… 23
　　轻松思考 ………………………………… 25
　　轻松图格 ………………………………… 26
　　轻松应试 ………………………………… 27

内 脏 学

第四章　总论 …………………………………… 31
　　轻松课堂 ………………………………… 31
第五章　消化系统 ……………………………… 32
　　轻松课堂 ………………………………… 32
　　轻松思考 ………………………………… 37
　　轻松图格 ………………………………… 38
　　轻松应试 ………………………………… 38
第六章　呼吸系统 ……………………………… 42
　　轻松课堂 ………………………………… 42
　　轻松思考 ………………………………… 44
　　轻松图格 ………………………………… 45
　　轻松应试 ………………………………… 45
第七章　泌尿系统 ……………………………… 49
　　轻松课堂 ………………………………… 49
　　轻松思考 ………………………………… 50
　　轻松图格 ………………………………… 51

　　轻松应试 ………………………………… 52
第八章　男性生殖系统 ………………………… 55
　　轻松课堂 ………………………………… 55
　　轻松思考 ………………………………… 56
　　轻松图格 ………………………………… 57
　　轻松应试 ………………………………… 57
第九章　女性生殖系统 ………………………… 60
　　轻松课堂 ………………………………… 60
　　轻松思考 ………………………………… 64
　　轻松图格 ………………………………… 64
　　轻松应试 ………………………………… 64
第十章　腹膜 …………………………………… 67
　　轻松课堂 ………………………………… 67
　　轻松图格 ………………………………… 68
　　轻松应试 ………………………………… 68

脉管系统

第十一章　心血管系统 ………………………… 71
　　轻松课堂 ………………………………… 71
　　　第一节　总论 ………………………… 71

　　　第二节　心 …………………………… 71
　　轻松思考 ………………………………… 73
　　轻松图格 ………………………………… 73

轻松应试	74	轻松图格	84
第三节 动脉	77	轻松应试	85
轻松课堂	77	第十二章 淋巴系统	88
轻松图格	80	轻松课堂	88
轻松应试	80	轻松思考	89
第四节 静脉	83	轻松图格	90
轻松课堂	83	轻松应试	90
轻松思考	84		

感 觉 器

第十三章 视器	93	第十四章 前庭蜗器	98
轻松课堂	93	轻松课堂	98
轻松思考	94	轻松思考	99
轻松图格	94	轻松图格	100
轻松应试	95	轻松应试	100

神 经 系 统

第十五章 总论	103	轻松图格	125
轻松课堂	103	轻松应试	125
轻松应试	104	四、端脑	127
第十六章 中枢神经系统	106	轻松课堂	127
第一节 脊髓	106	轻松思考	128
轻松课堂	106	轻松图格	130
轻松思考	107	轻松应试	130
轻松图格	108	第十七章 周围神经系统	133
轻松应试	109	第一节 脊神经	133
第二节 脑	111	轻松课堂	133
一、脑干	111	轻松思考	134
轻松课堂	111	轻松图格	134
轻松思考	115	轻松应试	134
轻松图格	116	第二节 脑神经	138
轻松应试	117	轻松课堂	138
二、小脑	121	轻松思考	140
轻松课堂	121	轻松图格	141
轻松思考	122	轻松应试	141
轻松图格	122	第三节 内脏神经系统	145
轻松应试	122	轻松课堂	145
三、间脑	124	轻松思考	146
轻松课堂	124	轻松图格	147
轻松思考	124	轻松应试	147

第十八章　神经系统的传导通路……… 150
　　轻松课堂……………………… 150
　　轻松思考……………………… 150
　　轻松图格……………………… 151
　　轻松应试……………………… 152
第十九章　脑和脊髓的被膜、血管及
　　　　　　脑脊液循环……………… 155
　　轻松课堂……………………… 155
　　轻松思考……………………… 156
　　轻松图格……………………… 157
　　轻松应试……………………… 157
第二十章　内分泌系统……………… 160
　　轻松课堂……………………… 160
　　轻松思考……………………… 160
　　轻松图格……………………… 161
　　轻松应试……………………… 161

北京大学医学部《系统解剖学》
模拟试卷 1 ……………………… 164
北京大学医学部《系统解剖学》
模拟试卷 2 ……………………… 167
北京大学医学部《系统解剖学》
模拟试卷 3 ……………………… 170
专业名词英中文对照………………… 173
主要参考书目………………………… 176

绪　论

轻松课堂

1. **人体解剖学的定义**：**人体解剖学**（human anatomy）是研究正常人体的形态结构的一门科学，是医学的基础课，属形态学的范畴。

2. 人体解剖学的分类：

（1）**系统解剖学**（systematic anatomy）：按人体功能系统来研究其各个器官的形态结构的一门学科。人体可分为运动、消化、呼吸、泌尿、生殖、脉管（循环）、感觉器、神经、内分泌等系统。

（2）**局部解剖学**（regional anatomy）：按局部（如头颈部、胸部、腹部、上肢、下肢等）研究各器官构造及其在此局部的位置、毗邻和连属等关系的解剖学。

（3）**断面解剖学**（sectional anatomy）：配合X线断层、超声、CT和磁共振扫描成像技术等来研究各局部或器官的断面形态的解剖学。

3. **人体的分部**：人体可分为头（又分面和颅）、颈（又分颈和项）、躯干（又分胸、背、腹、腰）和四肢（即附肢，又分上肢和下肢）四部。其中，上肢分肩、臂、肘、前臂和手，手又包括腕、掌和指；下肢分臀、大腿、膝、小腿和足，足又分踝、跖和趾。

4. **解剖学姿势**：身体直立，两眼向正前方平视，两臂下垂，手掌向前，两足并立，足尖向前。

5. **方位术语**：上和下、内和外、前和后、浅和深、腹侧与背侧、内侧与外侧（尺侧与桡侧、胫侧与腓侧）、近侧与远侧，等。

6. **面**：矢状面、冠状面（额状面）、水平面（横断面）。

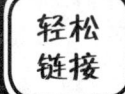

Langer's lines

The orientation of connective and elastic tissue in the skin means that when it is cut in certain planes the edges will lie together, but when it is cut in other planes, the edges will gape. This is important in wound healing: a cut whose edges are gaping will heal less well and with more scarring than a cut whose edges lie together. The (invisible) cleavage lines along which cuts should be made for best healing are Langer's lines.

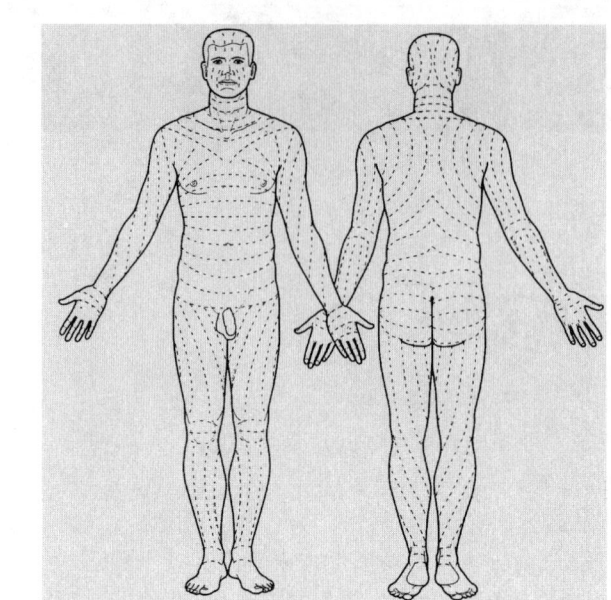

Langer's lines

解剖教学标本——"无言的老师。"

轻松图解

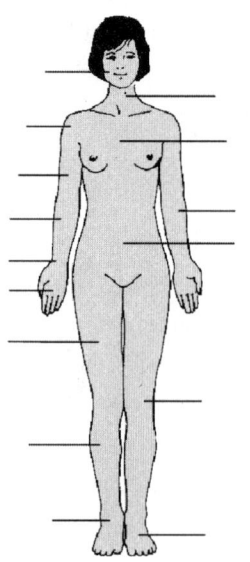

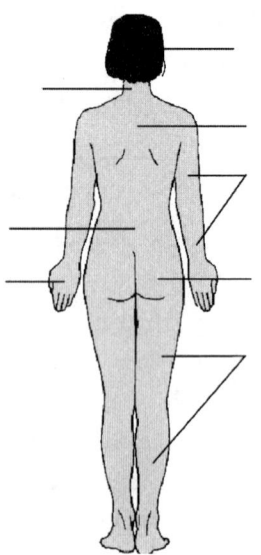

人体的分部

运动系统

第一章 骨 学

一、骨学概述

1. 骨的分类：成人有 206 块骨。
（1）按部位分类：颅骨、躯干骨、附肢骨。
（2）按形态分类：长骨、短骨、扁骨、不规则骨（含气骨）。
☆☆长骨可分一体（骨干）两端（骺、关节面），其内有空腔（骨髓腔）。
2. 骨的构造：骨质（骨密质和骨松质）及其分布、骨膜、骨髓（红、黄骨髓）。
☆☆红骨髓：胎儿及幼儿的骨髓均为具有造血功能的红骨髓，扁骨、不规则骨和长骨的骨松质内终生为红骨髓。
3. 骨的化学成分和物理性质。

二、躯干骨

1. 椎骨
（1）椎骨的一般形态

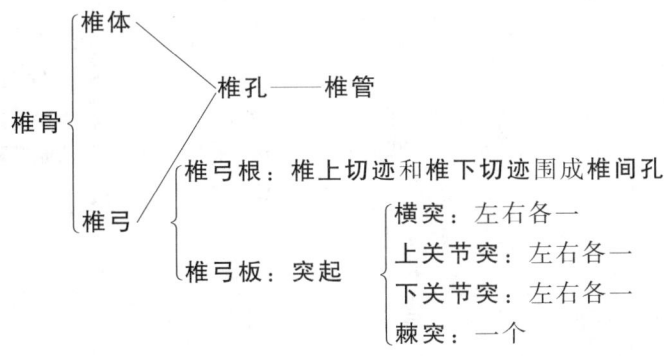

（2）各部椎骨的主要特征

椎骨	缩写	数量	结构特点
颈椎	C	7块	椎体较小，横突孔，棘突的末端分叉
胸椎	T	12块	椎体肋凹，横突肋凹，棘突长、伸向后下、呈叠瓦状排列
腰椎	L	5块	椎体大，棘突呈宽板状、水平向后，棘突间隙大
骶骨	S	1块	5块骶椎融合而成，倒三角形，岬、骶管、骶管裂孔、骶角、耳状面等
尾骨	Co	1块	退化的4块尾椎融合而成

> **椎骨的发生及比较解剖学**
>
> 鱼类的脊柱只分躯干椎和尾椎。两栖类，由于头部的运动，在脊柱上特化出第一颈椎；由于后肢的发达，特化出与后肢带骨相连的骶椎。于是脊柱区分为颈椎、躯干椎、骶椎和尾椎四部。至爬行类，由于头部运动进一步扩大，又特化出第二颈椎，又由于肺呼吸的发展，肋骨作为胸廓运动的杠杆，引起躯干前部的肋骨增长，而躯干后部的萎缩，使躯干椎又分化成与肋骨相连的胸椎和无肋骨的腰椎。所以从爬行类开始：脊柱已分成颈、胸、腰、骶、尾椎五部。人类的尾骨失去了原有的功能，已较其他四足动物退化。
>
> 椎骨和肋的原基位于脊索的两旁，它沿三个方向生长：①向内侧围绕脊索形成椎体；②向背侧围绕神经管形成椎弓；③向腹侧形成肋突。肋突继续向腹侧生长，围绕脏器形成肋。这些原基首先形成软骨，以后在软骨的基础上骨化。
>
> 椎骨的原基有三个主要骨化点：即椎体一个，每侧椎弓各一个。椎弓后端在生后一年，左右互相愈合；椎弓和椎体之间在三岁以后愈合。两侧椎弓的后端如果愈合不全，则形成脊柱裂，内容物可由此裂膨出。脊柱裂常见于腰骶部，为先天性畸形。

轻松链接

2. **肋**：可分为**真肋**（第1～7对）、**假肋**（第8～12对）。
   肋头、**肋结节**、**肋沟**。
3. **胸骨**：可分为**胸骨柄**、**胸骨体**、**剑突**三部分。
   胸骨角、**颈静脉切迹**。

> 1. **胸骨角平面**：
>   ①向外平对第二对肋软骨；　②向后平对第四胸椎体下缘；
>   ③气管的分叉处；　　　　　④上、下纵隔的分界处；
>   ⑤升主动脉与主动脉弓的交界处；⑥主动脉弓与胸主动脉的交界处；
>   ⑦胸导管的左转处；　　　　⑧脊神经T_2的分布区域。
> 2. **胸骨的发生**：
>
> 胸骨支持前肢，它的出现与前肢有关。鱼类尚无胸骨；两栖类有前肢，故也有了胸骨；鸟类的前肢为翼，运动量很大，故胸骨发达。
>
> 在胚胎早期，每侧肋软骨的前端结合成一条软骨带，左右两条软骨带在中线合拢，成为软骨性的胸骨。以后在软骨内出现多个骨化点（胸骨柄1～2个，胸骨体6～7个，剑突1个），各骨化点在12～26岁愈合。但剑突在30岁以后与胸骨体愈合。胸骨柄在老年时才与胸骨体愈合，甚至有人终生不愈合。如果左右两个软骨带结合不全，则出现胸骨体穿孔或胸骨纵裂畸形。关于胸骨的来源问题尚有争论，有人认为不是起源于肋软骨，而是来自原地的间充质。

轻松链接

三、颅骨

1. 组成

颅骨	块	成对	单一
脑颅骨	8	顶骨、颞骨	额骨、枕骨、蝶骨、筛骨
面颅骨	15	鼻骨、泪骨、上颌骨、颧骨、腭骨、下鼻甲	犁骨、下颌骨、舌骨
听小骨	6	锤骨、砧骨、镫骨	

2. 颅的整体观

(1) 颅的顶面观。

(2) 颅底的内面观：颅前、中、后窝。

	重要结构
颅前窝	鸡冠、筛板、筛孔（嗅神经通行）
颅中窝	视神经管（视神经）、前/后床突、鞍结节、鞍背、颈动脉沟（颈内动脉）、垂体窝、眶上裂（动眼神经、滑车神经、展神经、眼神经）、三叉神经压迹、破裂孔、圆孔（上颌神经）、卵圆孔（下颌神经）、棘孔（脑膜中动脉）、鼓室盖
颅后窝	枕骨大孔（椎动脉）、内耳门（面神经、前庭蜗神经）、鼓室盖、颈静脉孔（颈内静脉、舌咽神经、迷走神经、副神经）、舌下神经管（舌下神经）、乙状窦沟（乙状窦）、斜坡

(3) **颅底外面观**：关节结节、下颌窝、颈动脉管外口、乳突、茎突、茎乳孔（面神经）、腭大孔、鼻后孔。

(4) **颅的侧面观**：颞窝、颞下窝、翼腭窝。

1) **翼点**：颞窝内侧壁前部有额、顶、颞、蝶四骨相交形成"H"形的骨缝，为颅腔侧壁的薄弱处，其内面有脑膜中动脉的前支经过，此处骨折极易损伤该动脉。

2) **翼腭窝的交通**：

①向前经眶下裂通眶；

②向后经圆孔通颅中窝，经翼管通颅底外面；

③向外经翼上颌裂通颞下窝；

④向内经蝶腭孔通鼻腔；

⑤向下经翼腭管、腭大孔通口腔。

(5) **颅的前面观**：眶、**骨性鼻腔**、骨性口腔。

1) **眶的交通**：

①向下经鼻泪管通鼻腔；

②向后经视神经管和眶上裂通颅中窝；

③向前下经眶下管和眶下孔通外界；

④向后下经眶下裂通颞下窝和翼腭窝。

2) **骨性鼻腔**：骨鼻中隔；鼻孔：梨状孔、鼻后孔；鼻甲和鼻道：上、中、下。

3) **鼻旁窦及其开口**：

	中鼻道	上鼻道	蝶筛隐窝
鼻旁窦开口	上颌窦，额窦，筛窦前、中群	筛窦后群	蝶窦

4) **骨性鼻腔的交通**：

①向前经梨状孔通外界；

②向后经鼻后孔通咽；

③向上经筛孔通颅前窝，经鼻泪管通眶；

④向下经切牙孔通口腔；

⑤与四对鼻旁窦相交通。

3. 新生儿颅的特征和生后变化

☆☆ **颅囟**：前囟（额囟）、后囟（枕囟）、蝶囟、乳突囟。

> **颅骨的发生及比较解剖学**：
>
> 人类颅骨的发生，与其他哺乳动物相似。在胚胎早期，先在脊索前端出现软骨组织，自此向两侧和前方扩展，形成软骨颅底，衬托在脑的底面。在脑的背面，最初只覆盖结缔组织膜，以后它们相继骨化形成脑颅。面颅则在结缔组织膜的基础上成骨。人类由于脑更发达，脑颅又获得进一步的发展，变得更大，并处于面颅的后上方。
>
> 低等脊椎动物（如鱼类）的面颅位于脑颅的前方。在哺乳动物（包括猿猴类在内），随脑的增长，脑颅相应加大，并向前移至面颅的后上方。在人，由于脑的发展和咀嚼功能的减退，面颅处于脑颅的下方，而且脑颅占更大的比例。枕骨大孔的方向，在鱼类朝向后方，在猴类斜向后下，在人则朝向下方。枕骨大孔位置的前移，是由于脑颅的逐渐发展和人的直立姿势引起的，它接近头部重量的中心，减轻了抬头时项部肌肉的负担。
>
> 人类的颅骨不仅与较高等的哺乳动物不同，即使与类人猿相比也有很大的区别。首先，由于身体的直立和手的使用，促使脑不断发展，于是脑颅大大发展，前额隆起，顶骨高耸，颅腔增大。从颅腔的容积上看，类人猿为400~500毫升，挖掘出的爪哇猿人约为900毫升，而人可高达1500毫升左右。其次，由于人类长期进行熟食的结果，咀嚼功能减弱，使上、下颌骨的牙槽突后缩，牙齿不仅体积减小，而且结构也简单了。颅骨表面变得平坦光滑，且下颌骨变短变宽，呈蹄铁形，额隆凸明显突出。类人猿则由于咀嚼功能发达，颅骨表面粗涩不平，而且有非常凸出的下颌。

轻松链接

四、附肢骨

1. 上肢骨

(1) **上肢带骨**：锁骨、肩胛骨。

☆☆ **肩胛骨**：

"两面"	前面：肩胛下窝；后面：肩胛冈、肩峰、冈上窝、冈下窝
"三缘"	上缘：肩胛切迹、喙突；内侧缘：脊柱缘；外侧缘：腋缘
"三角"	上角：平第二肋；下角：平第七肋或第七肋间隙；外侧角：关节盂、盂上结节、盂下结节

(2) **自由上肢骨**：肱、桡、尺骨、手骨（腕、掌、指骨）。

☆☆ **肱骨**：肱骨头、解剖颈、外科颈、大/小结节、大/小结节嵴、三角肌粗隆、桡/尺神经沟、肱骨小头、肱骨滑车、内/外上髁、桡窝、冠突窝、鹰嘴窝。

2. 下肢骨

（1）**下肢带骨**：**髋骨**（髂骨、耻骨、坐骨）：闭孔，髋臼。

髂骨	髂骨翼，髂嵴（T₄棘突），髂前、后上棘，髂结节，髂窝、弓状线、耳状面
耻骨	耻骨体，耻骨梳，耻骨上、下支，耻骨结节，耻骨联合面
坐骨	坐骨体，坐骨支，坐骨结节，坐骨棘，坐骨大/小切迹

（2）**自由下肢骨**：股、髌、胫、腓、足骨（跗、跖、趾骨）。

☆☆**股骨**：股骨头、股骨颈、股骨头凹、大/小转子、转子间嵴/线、粗线、臀肌粗隆、内/外侧髁、髁间窝、内/外上髁、收肌结节。

---

1. 腕骨：舟月三角豆（近侧列由桡侧至尺侧依次为：手舟骨、月骨、三角骨、豌豆骨）；

   大小头状钩（远侧列由桡侧至尺侧依次为：大多角骨、小多角骨、头状骨、钩骨）。

2. 跗骨：跟距舟骰（跟骨、距骨、足舟骨、骰骨）；

   外中内楔骨头（外侧楔骨、中间楔骨、内侧楔骨）。

3. 各部椎骨特点：体小棘突分叉，横突孔显C家（cervical，颈椎）。胸椎肋凹叠瓦。腰椎体大，棘板后伸针下（腰椎穿刺）。

轻松思考

病例1：

女，62岁，在横穿马路时被一辆小汽车撞倒，右手掌先着地，急诊来院。患者主诉右臂上部肿胀且伴有剧烈的疼痛，不能活动。查体：右手掌有轻度擦伤，右臂上部红肿和触压痛明显，上肢形成向前、向内的成角畸形。X线片提示：右肱骨外科颈外展性骨折。入院后行手法复位或外固定失败后，采用钢板螺丝钉内固定手术治疗。半年后，患者基本恢复正常。

哪些人、哪些部位容易发生骨折？试分析原因。

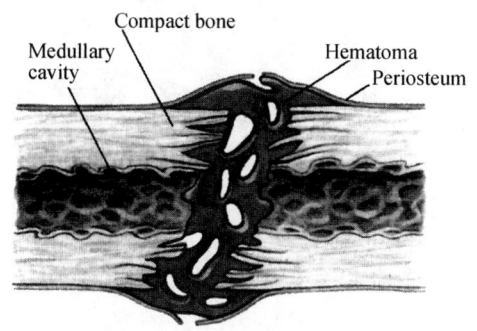

(a) Blood escapes from ruptured blood vessels and forms a hematoma.

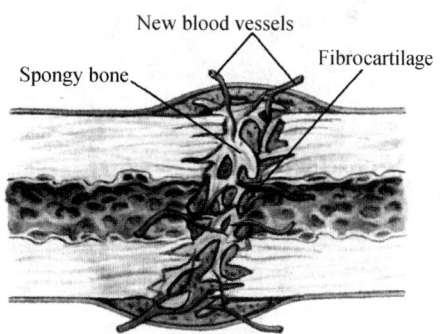

(b) Spongy bone forms in regions close to developing blood vessels; fibrocartilage forms in more distant regions.

第一章 骨学

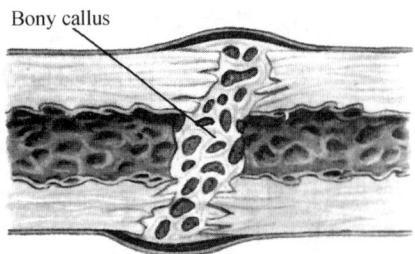
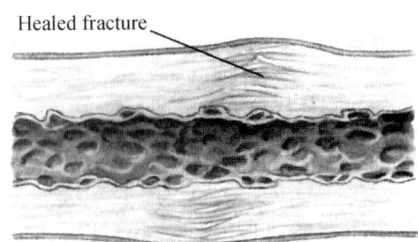

(c) Fibrocartilage is replaced by a bony callus.

(d) Osteoclasts remove excess bony tissue, making new bone structure much like the original.

Stages (a-d) of the repair of a fracture.

老年人为什么容易骨折？

轻松论坛

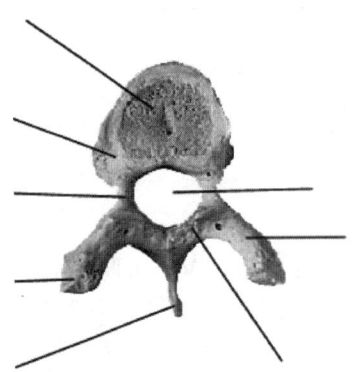
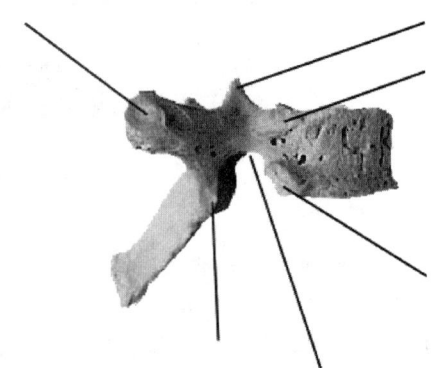

胸椎

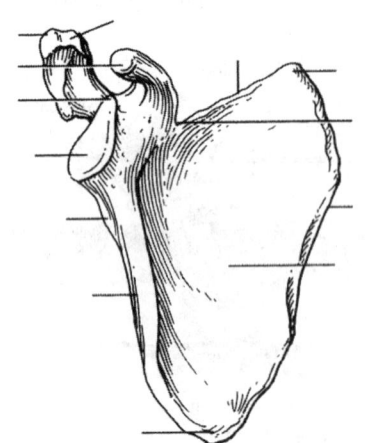
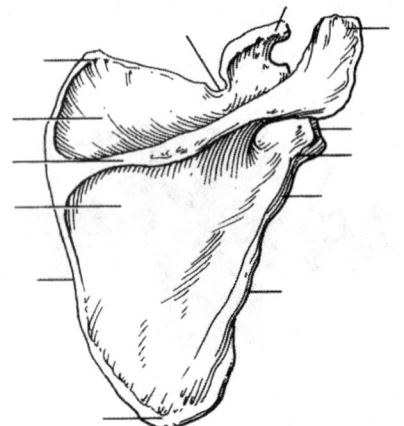

肩胛骨

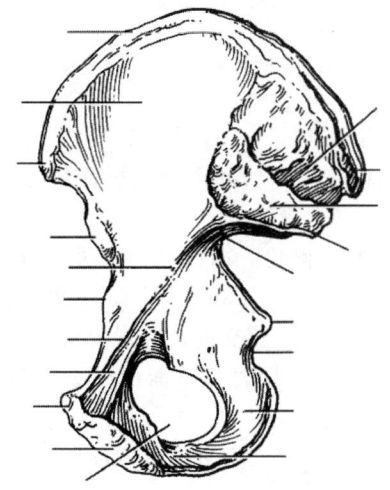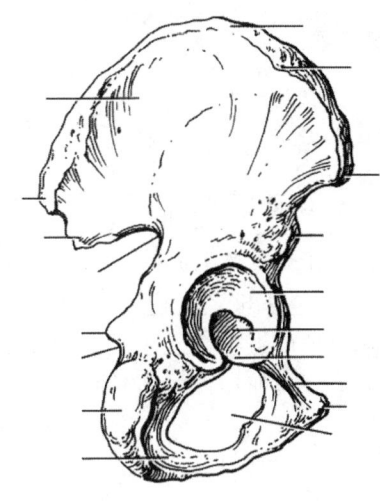

髋骨

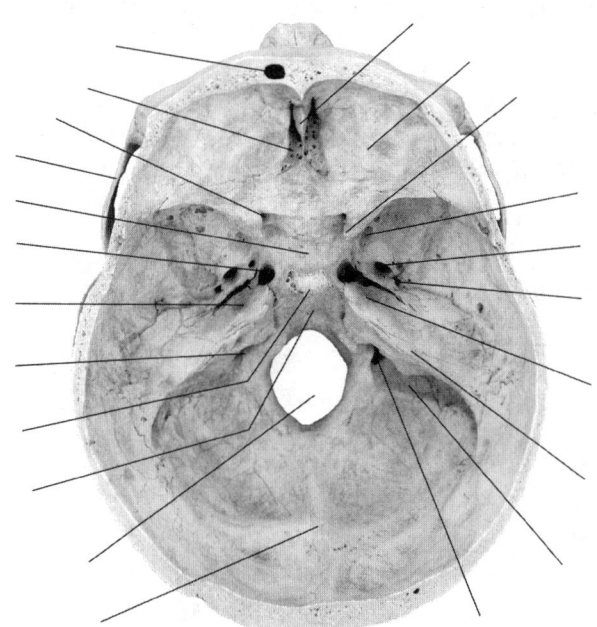

颅底内侧面

一、名词解释

1. 解剖学姿势
2. 骨髓
3. 胸骨角
4. 蝶鞍
5. 颅囟
6. 髋臼

第一章 骨 学

二、填空题

1. 骨按其形态可分为_____、_____、_____和_____四类。
2. 椎弓分为_____和_____两部分。椎间孔由_____围成，有_____通过。
3. 肋骨的_____和_____上有关节面与胸椎相关节。肋骨体的内面接近下缘处有_____，_____沿此沟走行。
4. 垂体位于蝶骨体上面的_____内。在蝶骨大翼的内侧份，由前内向后外，有_____孔、_____孔和_____孔，依次有_____、_____和_____结构通过。
5. 下颌骨体的下缘称_____，_____与_____相交处，称下颌角。
6. 颞骨岩部前面近尖端处有一浅凹，称_____。在颞骨岩部下面的中央有一圆形孔，称_____。
7. 翼点位于顶骨与_____、_____和_____骨会合处，其内面紧邻_____。
8. 泪囊窝位于_____，它向下经_____通_____。
9. 肩胛骨的上缘外侧部的曲指状突起称_____；外侧角肥厚，有一朝向外微凹的_____。
10. 桡神经沟位于_____，尺神经沟位于_____。
11. 桡骨头周围有_____与尺骨相关节。桡骨的下端，外侧有向下的突起称_____；下端的下面有凹陷的_____。
12. 髋骨由_____、_____和_____三骨构成。
13. 耻骨上支的上缘为一锐嵴，称_____，其前端终于_____。
14. 股骨的颈与体外上方的隆起称为_____。
15. 腓骨头有关节面与_____相关节。腓骨的下端膨大为_____。

三、选择题

【A 型题】

1. 关于骨的构造叙述**错误**的是
   A. 成人骨骺内是红骨髓
   B. 骨的表面全部被覆有骨膜
   C. 骨膜由纤维性结缔组织构成
   D. 胎儿的骨髓全是红骨髓
   E. 老年人骨中有机质减少，无机质增多
2. 参与形成肋弓的是
   A. 第 6～10 对肋软骨前端
   B. 第 7～10 对肋软骨前端
   C. 第 8～10 对肋软骨前端
   D. 第 9～10 对肋软骨前端
   E. 第 8～12 对肋软骨前端
3. 位于颅后窝的结构是
   A. 棘孔
   B. 筛孔
   C. 三叉神经压迹
   D. 颈动脉沟
   E. 乙状窦沟
4. 蝶筛隐窝位于
   A. 上鼻甲下方
   B. 蝶骨上
   C. 鼻腔顶壁
   D. 上鼻甲的后上方
   E. 中鼻道前部
5. 与脑膜中动脉沟相延续的结构是
   A. 圆孔
   B. 卵圆孔
   C. 棘孔
   D. 茎乳孔
   E. 破裂孔
6. 肩胛骨下角平对
   A. 第 6 肋骨
   B. 第 7 肋骨
   C. 第 8 肋骨

D. 第 9 肋骨
E. 第 10 肋骨
7. 两侧髂嵴最高点连线约平
A. 第 3 腰椎棘突
B. 第 4 腰椎棘突
C. 第 4 腰椎间盘
D. 第 5 腰椎棘突
E. 第 5 腰椎间盘

(6～7 题共用备选答案)
A. 髂骨
B. 坐骨支
C. 骶骨
D. 耻骨梳
E. 耻骨联合
6. 参与围成闭孔的是
7. **不参与**构成骨盆界线的是

【B 型题】

(1～3 题共用备选答案)
A. 肋凹
B. 横突孔
C. 棘突直伸向后
D. 前弓和后弓
E. 耳状面
1. 属于第 3～7 颈椎特点的是有
2. 属于胸椎特点的是
3. 骶骨有

(4～5 题共用备选答案)
A. 颈静脉孔
B. 横窦沟
C. 颈动脉管
D. 颏孔
E. 垂直板
4. 属于枕骨的结构是
5. 属于颞骨的结构是

【X 型题】

1. 开口于中鼻道的鼻旁窦有
A. 蝶窦
B. 额窦
C. 上颌窦
D. 筛窦前、中群小房
E. 筛窦后群小房
2. 胸椎的结构特点有
A. 横突孔
B. 横突肋凹
C. 椎体肋凹
D. 齿突凹
E. 关节突近似冠状位
3. 位于颅中窝的结构是
A. 圆孔
B. 卵圆孔
C. 棘孔
D. 破裂孔
E. 眶下裂

四、问答题

1. 全身的骨按形态可分为四类，试述各类骨的形态特点和分布概况。
2. 颈、胸、腰椎各有何主要形态特点？
3. 颅中窝和颅后窝内各有哪些重要的孔、裂和沟？
4. 简述骨性鼻腔和眶的交通。
5. 鼻旁窦有哪些？分别写出它们的位置和开口。
6. 简述上、下肢骨的组成及排列位置。

选择题参考答案

A 型题：
1. B   2. C   3. E   4. D   5. C   6. B   7. B

B型题:
1. B 2. A 3. E 4. B 5. C 6. B 7. B

X型题:
1. BCD 2. BCE 3. ABCD

第二章 关节学

一、骨连结概述

骨与骨之间借纤维结缔组织、软骨或骨相连，形成**骨连结**。根据连结的方式不同，可分为**直接连结**和**间接连结**。

1. **直接连结**：纤维连结、软骨连结和骨性结合。

2. **间接连结**：又称关节。

（1）**关节的结构**

1) **关节的基本结构**：包括关节面、关节囊、关节腔。

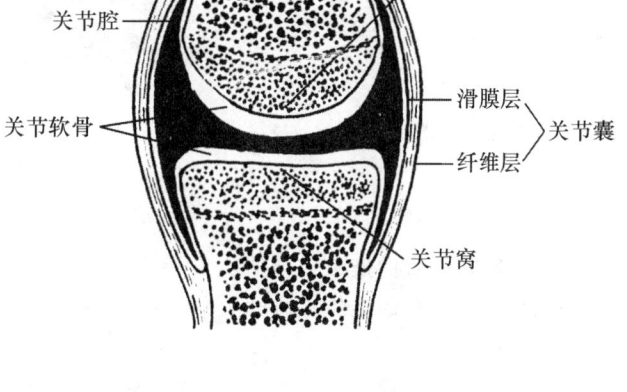

2) **关节的辅助结构**：包括韧带、关节盘、关节唇、滑膜襞和滑膜囊。

☆☆**韧带**包括囊外韧带、囊内韧带（髋关节中的股骨头韧带，膝关节中的前、后交叉韧带）。

☆☆**关节盘**：出现在胸锁关节、桡腕关节、膝关节、颞下颌关节等。

（2）**关节的运动**：屈伸、内收外展、旋内旋外（旋前旋后）、环转运动。

（3）**关节的分类**：单关节（肩关节）与复关节（肘关节）、联合关节（颞下颌关节）、微动关节（关节突关节）。

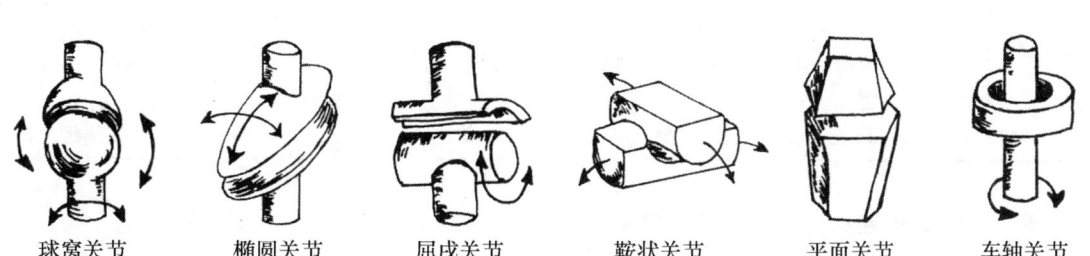

球窝关节　　椭圆关节　　屈戌关节　　鞍状关节　　平面关节　　车轴关节

二、躯干骨的连结

1. **椎骨的连结**

（1）**椎体间的连结**：相邻的椎体间借椎间盘、前纵韧带、后纵韧带连结。

☆☆**椎间盘**：髓核、纤维环。

（2）**椎弓间的连结**：椎弓间的连结包括韧带和关节突关节，其中韧带包括黄韧带、横突间韧带、棘间韧带、棘上韧带。

（3）**脊柱**：4个生理弯曲：颈曲、胸曲、腰曲、骶曲。

13

> **椎间盘突出症**
>
> 相邻两个椎骨之间有椎间软骨盘。椎间盘周围是较坚韧的纤维环，中央为胶冻状的髓核。破损、撕裂或挤压可引起外层纤维环的破裂，使中央的髓核突出，导致脊神经根受压。如果休息不能使症状缓解，可打开椎管或作一损伤性较小的手术去除突出的椎间盘。

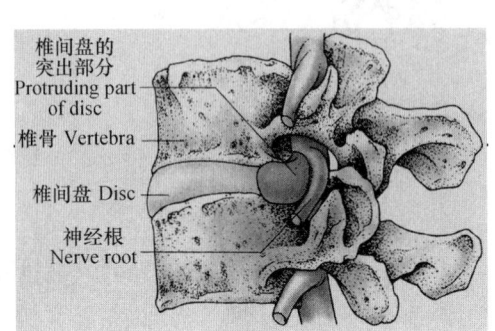

2. **肋的连结**

(1) **肋与椎骨的连结**：包括肋头关节、肋横突关节。

(2) **肋与胸骨的连结**：胸肋关节（第2~7肋软骨）。

3. **胸廓**

(1) **胸廓的组成**：12个胸椎、12对肋、胸骨。

(2) **胸廓上口**：第一胸椎体、第一对肋、胸骨柄的上缘。

(3) **胸廓下口**：第12胸椎体、第11和第12对肋、肋弓、剑突。

三、颅的连结

颞下颌关节：

组成	下颌头、颞骨的下颌窝和关节结节
特点	关节囊松弛，前部薄弱，外侧有外侧韧带加强；关节腔内因有关节盘而分成上、下两部分
运动	属联合关节，可作张口（下降下颌骨）与闭口（上提下颌骨：咬肌、颞肌、翼内肌）、前进（翼外肌）与后退（颞肌的后部纤维）、侧方运动（一侧的翼外肌）。咀嚼肌由**三叉神经**的**下颌神经**支配

四、附肢骨的连结

1. **上肢骨的连结**

(1) 上肢带骨的连结：胸锁关节、肩锁关节。

(2) 自由上肢骨的连结：**肩关节、肘关节、桡腕关节**。

肩关节：

组成	肱骨头、肩胛骨的关节盂
特点	"头大、盂小"，并有盂唇；关节囊薄而松弛，其下壁无韧带和肌腱加强，最为薄弱，易形成脱臼；关节囊内有**肱二头肌长头肌腱**通过
运动	可作各种运动（屈、伸、收、展、旋内、旋外、环转）

肘关节：

组成	由肱骨下端、桡骨和尺骨的上端组成，为复关节，包括肱尺关节（肱骨滑车、尺骨滑车切迹）、肱桡关节（肱骨小头、桡骨头关节凹）、桡尺近侧关节（桡骨的环状关节面、尺骨的桡切迹）
特点	三关节共囊，关节囊前后壁薄弱，两侧有侧副韧带加强；**桡骨环状韧带**
运动	屈伸、旋前旋后

桡腕关节：

组成	桡骨腕关节面、尺骨头下方的关节盘、舟骨、月骨、三角骨
特点	关节囊薄而松弛
运动	屈伸、收展、环转

2. 下肢骨的连结

（1）下肢带骨的连结：

骨盆：组成：骶骨、尾骨、髋骨借耻骨联合、骶髂关节、韧带（骶结节韧带、骶棘韧带等）连结而成。

小骨盆上口：骶骨岬、弓状线、耻骨梳、耻骨结节、耻骨联合的上缘围成的**界线**。

小骨盆下口：尾骨尖、骶结节韧带、坐骨结节、坐骨支、耻骨下支、耻骨联合下缘。

坐骨大/小孔、盆腔、耻骨弓、耻骨下角。

骨盆的性别差异

	男性	女性
骨盆外形	窄而长	宽而短
髂骨翼	较垂直	较水平
骨盆上口	心形	近似圆形
耻骨下角	70°～75°	80°～100°
骨盆腔	漏斗形	圆桶形
骶骨	长而曲度大，骶岬明显突出	短而垂直，骶岬突出较小
骨盆下口	较狭小	较宽大

轻松链接

（2）自由下肢骨的连结：

髋关节：

组成	髋臼、股骨头
特点	"头小、臼深"，并有髋臼唇；关节囊紧张、坚韧，其后下方较薄弱；关节囊内有**股骨头韧带**。股骨颈骨折有囊内和囊外之分
运动	各种运动，但运动幅度小

髋关节置换术

在老年人，药物治疗对僵硬而疼痛的髋关节作用不大，可用人造关节替代。关节置换术也可用于治疗髋骨骨折。将金属制的股骨干和杯形的盂状关节窝（人造关节）黏合于适当的部位；一些新的取代物（人造关节）会刺激骨的生长，不需黏合剂亦可固定。

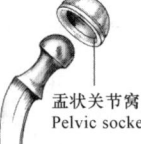

盂状关节窝 Pelvic socket
股骨的取代物 Femoralcomponent
股骨头 Femoral head
股骨头的切除线 Cutting line

1　外科医生在受累的髋上作一切口，将韧带和肌肉推向一侧或切开，以显露整个髋关节，然后将受侵蚀的或碎裂的股骨头切除。

2　外科医生用刮削器将髋骨的关节窝刮削并整形，使股骨头与之相适应。用黏合剂将整形后的盂状关节窝固定于合适的部位。

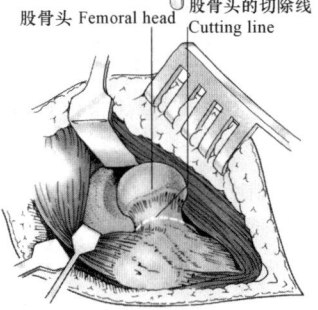

髋骨 Pelvic bone
刮削器 Reamer

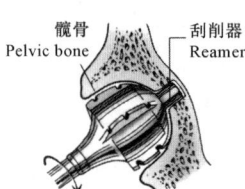

盂状关节窝 Pelvic socket
股骨取代物 Femoral component

3　将股骨干骨髓腔清理后，外科医生植入股骨的取代物，并将取代物圆形的头固定于整形后的盂状关节窝内。然后将这些头和窝的取代物牢固地固定好，以防松脱。

4　为确定这些取代物处于正常的部位，缝合切口后作术后X线或CT扫描。鼓励病人锻炼，增强髋关节周围的肌肉力量。手术通常可解除疼痛；当肌力复原后，有助于恢复关节运动的灵活性。

轻松链接

膝关节：

组成	股骨的内、外侧髁，胫骨的内、外侧髁和髌骨
特点	关节囊宽阔松弛，周围有韧带加强（前：股四头肌腱、髌骨、髌韧带；内外侧：胫、腓侧副韧带；后：腘斜韧带；囊内：前、后交叉韧带；**内侧、外侧半月板**（"内大C、外小O"）；滑膜襞—**翼状襞**，滑膜囊—**髌上囊**
运动	屈伸，半屈曲位时的旋内旋外

距小腿关节（踝关节）：

组成	胫、腓骨的下端，距骨
特点	关节囊前后壁薄而松弛，两侧有韧带加强
运动	屈（跖屈）伸（背屈）、内翻外翻

轻松链接

上、下肢的形态、结构与功能的相互关系

人类的上、下肢，由于身体的直立姿势和前肢从支持功能中解放出来，上肢和手成为劳动的器官；下肢和足成为支持和移动身体的器官。上下肢的分工引起形态、结构的分化。

上肢 上肢适应灵活的运动，在形态和结构上有以下特点：①上肢骨骼的形体一般较轻巧，关节囊松弛薄弱。②两侧肩带不与脊柱构成完整的骨环，只借锁骨的内侧端与胸骨相连。肩带在肌肉的作用下，牵动肩胛骨向各方运动。肩带与肩关节的共同活动，可使上肢作范围广泛的运动。③肩关节的关节头呈球形，关节窝只及球面的三分之一，二者的弧度相差很大，且关节囊松弛、薄弱，加上肩关节被锁撑出躯干之外，故运动非常灵活。④前臂除作屈、伸运动之外，还作旋前和旋后的运动。前臂的旋前、旋后运动，加上肩关节的运动，可使上肢旋转360°。⑤桡腕关节是椭圆关节，可作两轴运动，加上腕骨的形体小，数目多，多轴性的微量运动，可进一步提高腕部的活动性。⑥拇指腕掌关节属鞍状关节，可以对掌，具有把握工具的能力。⑦手指细长（指骨占全手长度的1/2），适合作灵巧的活动。

下肢 下肢适应支持和移动身体的功能，在形态和结构上有以下特点：①下肢骨骼一般形体粗壮，关节囊紧张、强厚、结合紧密。②髋骨肥大，在后方与骶骨结成微动的骶髂关节；在前方，左右两骨构成少动的耻骨联合。所以下肢带骨与脊柱构成完整牢固的骨环，它们之间没有什么运动。③髋关节的关节头与关节窝的曲度相同，窝面相当球面的三分之二，且关节囊肥厚、紧张，关节的运动受到限制。④构成膝关节的二骨骨端，粗大坚实，结合紧密，主要作屈、伸运动。小腿的旋内、旋外，范围很小，且只能在膝关节屈位时进行。⑤小腿骨间没有旋前、旋后动作。⑥足骨适应承担体重、移动身体和形成稳固的支架，所以跗骨与跖骨变得粗大。跗骨占足的1/2,足骨的长轴与小腿的长轴交成直角，并形成富有弹性的足弓。

第二章 关节学

> 内大 C、外小 O（内侧半月板较大，呈"C"形；外侧半月板较小，呈"O"形。）

轻松记忆

病例 2：

男，26 岁，因踢足球时右侧膝关节被撞伤，关节处的快速肿胀、剧痛和行动障碍急诊入院。患者主诉是在带球时，右侧膝关节被从外侧冲撞后跌倒，并感到了膝关节的明显移位和剧痛，行走困难。膝关节检查：右侧膝关节处未见外伤，但明显肿胀，内侧的压痛感强烈。膝关节在 25°屈曲位时，前抽屉试验阳性，轴移试验阳性。初步诊断：右侧膝关节内侧副韧带和前交叉韧带损伤，内侧半月板损伤待查。入院后行膝关节减压，膝关节镜下行前交叉韧带修补手术，术后 1 周，使用限制性支架。思考：内侧副韧带、前交叉韧带、内侧半月板的作用及易受损伤的原因。

> 人老了为什么会变矮？

轻松论坛

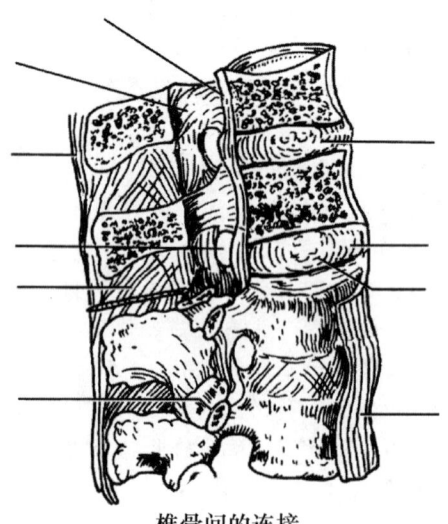

椎骨间的连接

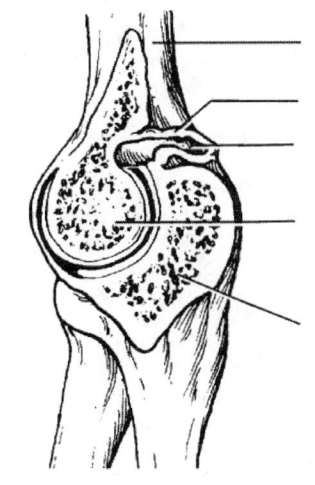
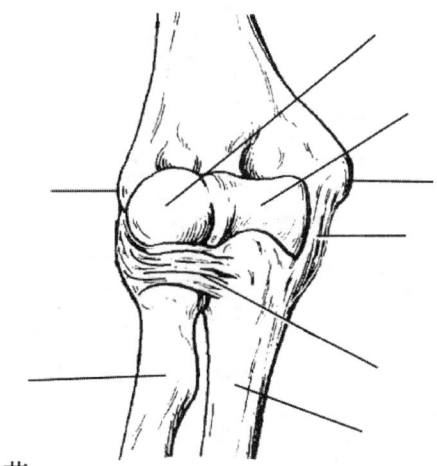

肘关节

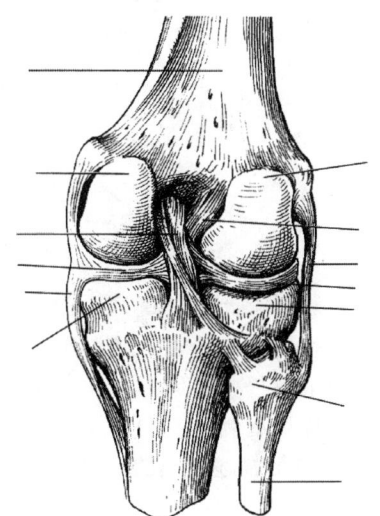
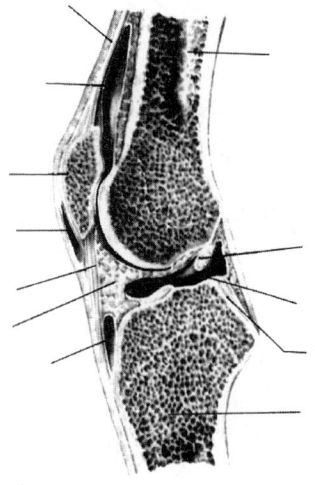

膝关节

一、名词解释

1. 椎间盘
2. 黄韧带
3. 界线
4. 耻骨弓
5. 股骨头韧带

二、填空题

1. 滑膜关节的基本结构包括_____、_____和_____。
2. 相邻椎体直接借_____、_____和_____相连结。
3. 由于颈腰部椎间盘的纤维环的结构特点是_____，所以髓核易向_____方脱出，产生神经压迫症状。

第二章 关节学

4. 黄韧带由_____构成，连接于相邻的_____之间。
5. 胸廓上口由_____、_____和_____围成。（2006年北京大学医学部8年制）
6. 肋后端以_____关节和_____关节与胸椎相连。
7. 胸骨下角是由两侧_____所形成的夹角。剑突尖约平对_____胸椎。
8. 颞下颌关节由_____、_____及_____构成。
9. 肩关节由_____与_____构成，其关节囊的_____壁最为薄弱。
10. 肘关节包括三个关节，即_____、_____和_____。
11. 桡骨环状韧带位于_____，其作用是_____。
12. 在肘关节作屈伸运动时，其_____关节和_____关节参与运动。
13. 桡腕关节是由_____和_____组成的关节窝与_____形成的关节头共同构成的。
14. 骶结节韧带连于_____与_____之间，并参与构成_____和_____。
15. 界线是_____与_____的分界线。
16. 髋关节由_____和_____构成，其关节囊的_____（部位）比较薄弱。
17. 膝关节由_____、_____和_____构成。
18. 膝关节的囊内韧带是_____和_____。髋关节的囊内韧带是_____。它们_____的表面都有_____包裹。
19. 踝关节由_____与_____构成，可使足作_____和_____运动。

三、选择题

【A型题】

1. 位于椎管前壁的韧带是
   A. 前纵韧带
   B. 后纵韧带
   C. 弓间韧带
   D. 骶棘韧带
   E. 棘上韧带
2. 有关节盘的关节是
   A. 寰枕关节
   B. 髋关节
   C. 肩关节
   D. 桡尺近侧关节
   E. 颞下颌关节
3. 通过肩关节囊内的肌腱是
   A. 冈上肌
   B. 冈下肌
   C. 肱二头肌短头
   D. 肱三头肌长头
   E. 肱二头肌长头
4. 桡腕关节（2006年研究生）
   A. 桡、尺骨下端构成其关节窝
   B. 近侧列腕骨构成其关节头
   C. 可作屈、伸、收、展和旋转运动
   D. 关节囊松弛，周围有韧带加强
   E. 与桡尺远侧关节在功能上是联合关节
5. 关于骨盆的描述正确的是（2005年研究生）
   A. 由两侧髂骨和骶骨连结而成
   B. 由两侧髋骨和骶骨连结而成
   C. 女性骨盆耻骨下角比男性的大
   D. 男性骨盆较短宽
   E. 两侧耻骨下支构成耻骨弓
6. 可防止胫骨向前移动的主要韧带是
   A. 前交叉韧带
   B. 后交叉韧带
   C. 胫侧副韧带
   D. 腓侧副韧带
   E. 髌韧带
7. 半月板
   A. 内侧呈"C"形，外侧呈"O"形
   B. 内侧小，外侧大
   C. 两侧均与副韧带相连
   D. 附着在胫骨关节面的周缘
   E. 上面平坦，下面凹陷

【B型题】

(1～2题共用备选答案)
 A. 胸骨柄上缘
 B. 锁骨上缘
 C. 胸肋关节
 D. 肩锁关节
 E. 肋椎关节
1. 参与构成胸廓上口的是
2. 与胸椎侧面相连的是

(3～4题共用备选答案)
 A. 黄韧带
 B. 喙肩韧带
 C. 腓侧副韧带
 D. 喙肱韧带
 E. 前臂骨间膜
3. 可加强肩关节囊上壁的是
4. 连于尺骨干和桡骨干之间的是

(5～7题共用备选答案)
 A. 肩关节
 B. 膝关节
 C. 桡腕关节
 D. 拇指腕掌关节
 E. 指骨间关节
5. 既有囊内韧带也有囊外韧带的关节是
6. 只能作屈、伸运动的关节是
7. 有肌腱从囊内穿过的关节是

(8～9题共用备选答案)
 A. 骶结节韧带
 B. 骶棘韧带
 C. 后纵韧带
 D. 髂股韧带
 E. 棘间韧带
8. 参与组成骨盆下口的是
9. 位于坐骨大、小孔之间的是

(10～11题共用备选答案)
 A. 骶结节韧带
 B. 髂股韧带
 C. 髌韧带
 D. 喙肩韧带
 E. 股骨头韧带
10. 防止髋关节过伸的是
11. 内含血管营养股骨头的是

【X型题】

1. 椎体间的连结结构有
 A. 椎间盘
 B. 前纵韧带
 C. 后纵韧带
 D. 黄韧带
 E. 关节突关节
2. 椎弓间的连结结构有
 A. 黄韧带
 B. 后纵韧带
 C. 项韧带
 D. 纤维环
 E. 棘间韧带
3. 内侧半月板
 A. 呈"C"形
 B. 呈"O"形
 C. 较外侧半月板大
 D. 损伤机会较多
 E. 与胫侧副韧带紧密相连
4. 髋关节的韧带有
 A. 骶棘韧带
 B. 髂股韧带
 C. 交叉韧带
 D. 股骨头韧带
 E. 髋臼横韧带
5. 构成桡腕关节的有
 A. 尺骨下端关节面
 B. 桡骨下端关节面
 C. 三角骨
 D. 月骨
 E. 手舟骨

四、问答题

1. 试述椎骨间的连结。
2. 试述颞下颌关节的组成、结构特点、运动。
3. 简述肩关节的组成、结构特点及运动。
4. 简述肘关节的组成和运动。
5. 膝关节有哪些辅助结构？各有何功能？
6. 试述骨盆的组成。

选择题参考答案

A 型题：
1. B 2. E 3. E 4. D 5. C 6. A 7. A

B 型题：
1. A 2. E 3. D 4. E 5. B 6. E 7. A 8. A 9. B 10. B
11. E

X 型题：
1. ABC 2. ACE 3. ACDE 4. BDE 5. BCDE

第三章 肌 学

一、骨骼肌概述

1. 肌的构造和形态

☆☆**肌的分类**：平滑肌、心肌、骨骼肌（随意肌）。

☆☆**骨骼肌的分类**：长肌（竖脊肌）、短肌（肋间内肌）、阔肌（腹内斜肌）、轮匝肌。

☆☆**骨骼肌的构造**：肌腹、肌腱（腱膜）。

2. 肌的辅助装置：筋膜、滑膜囊、腱鞘。

☆☆**筋膜**：浅筋膜（皮下筋膜）、深筋膜（固有筋膜：肌间隔，血管神经鞘）。

☆☆**腱鞘**：由纤维层（腱纤维鞘）、滑膜层（腱滑膜鞘：脏层、壁层，滑膜腔，腱系膜）构成。

二、头肌（面肌、咀嚼肌）

1. **咀嚼肌**：咬肌、颞肌、翼内肌、翼外肌。
2. **表情肌**（面肌）。

三、躯干肌（背、颈、胸、膈、腹肌）

1. **背肌**：浅群（斜方肌、背阔肌）、深群（竖脊肌、胸腰筋膜）。
2. **颈肌**：颈浅肌群（颈阔肌、胸锁乳突肌）、舌骨上肌群（二腹肌等）、舌骨下肌群（肩胛舌骨肌等）、颈深肌群（前、中、后斜角肌）。

☆☆**斜角肌间隙**：前、中斜角肌与第一肋之间的裂隙，有锁骨下动脉、臂丛通过。

3. **胸肌**：胸上肢肌（胸大、小肌，前锯肌）、胸固有肌（肋间内、外肌）。
4. **膈**：中心腱，三个裂孔。

裂孔	平对	通行结构
主动脉裂孔	T_{12}	主动脉、胸导管
食管裂孔	T_{10}	食管、迷走神经
腔静脉孔	T_8	下腔静脉

5. **腹肌**：前外侧群（腹直肌、腹外/内斜肌、腹横肌）、后群（腰方肌）。

（1）**腹股沟韧带**：在髂前上棘与耻骨结节之间，由腹外斜肌腱膜形成。

（2）**腔隙韧带（陷窝韧带）与耻骨梳韧带（Cooper 韧带）**：腹外斜肌腱膜的内侧端腱纤维止于耻骨梳形成。

（3）**腹股沟镰（联合腱）**：腹内斜肌和腹横肌下部的腱膜会合形成，止于耻骨梳的内侧端。

（4）**提睾肌**：腹内斜肌和腹横肌下部的肌纤维形成，伴精索进入阴囊。

（5）腹直肌鞘：前层：腹外、内（前层）斜肌腱膜；后层：腹内斜肌（后层）、腹横肌腱膜，弓状线。

（6）白线：脐环。

（7）腹股沟管：

"两口"	深环（腹环，腹横筋膜）；浅环（皮下环，腹外斜肌腱膜）
"四壁"	前壁：腹外斜肌腱膜；后壁：腹横筋膜、腹股沟镰；上壁：腹内斜肌和腹横肌的下缘；下壁：腹股沟韧带
通行结构	男：精索；女：子宫圆韧带
相关神经	髂腹股沟神经、生殖股神经生殖支
相关疾病	腹股沟斜疝

（8）**腹股沟三角（海氏三角）**：腹股沟韧带、腹直肌外侧缘、腹壁下动脉。与腹股沟直疝发生有关。

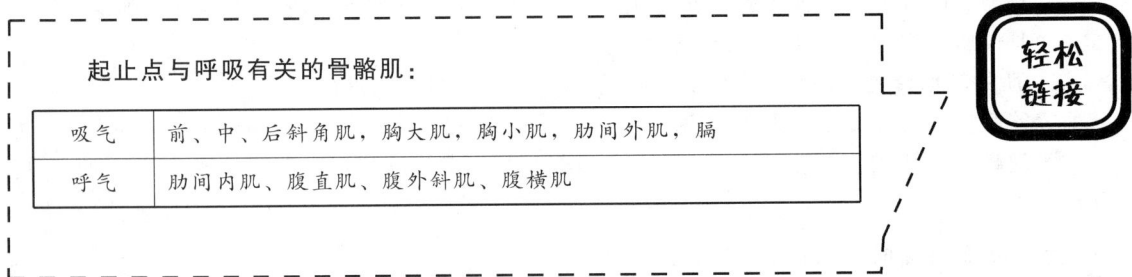

起止点与呼吸有关的骨骼肌：

吸气	前、中、后斜角肌，胸大肌，胸小肌，肋间外肌，膈
呼气	肋间内肌、腹直肌、腹外斜肌、腹横肌

四、上肢肌

1. **上肢带肌**：三角肌、冈上肌、冈下肌、小圆肌、大圆肌、肩胛下肌。
2. **臂肌** 前群：肱二头肌、喙肱肌、肱肌
   后群：肱三头肌
3. **前臂肌** 前群：肱桡肌等——屈肘、屈腕、屈指、旋前
   后群：桡侧腕长伸肌等——伸肘、伸腕、伸指、旋后

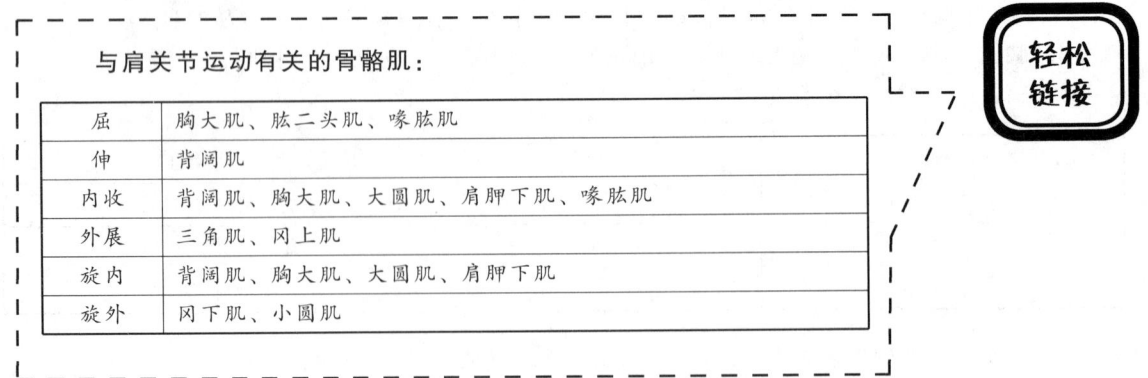

与肩关节运动有关的骨骼肌：

屈	胸大肌、肱二头肌、喙肱肌
伸	背阔肌
内收	背阔肌、胸大肌、大圆肌、肩胛下肌、喙肱肌
外展	三角肌、冈上肌
旋内	背阔肌、胸大肌、大圆肌、肩胛下肌
旋外	冈下肌、小圆肌

五、下肢肌

1. **髋肌** 前群（髂腰肌、阔筋膜张肌）
   后群（臀大/中/小肌、梨状肌、闭孔内/外肌、上/下孖肌、股方肌）

2. 大腿肌 ｛前群（缝匠肌、股四头肌）
内侧群（耻骨肌、长收肌、股薄肌、短收肌、大收肌）
后群（股二头肌、半腱肌、半膜肌）

☆☆股三角：腹股沟韧带、缝匠肌的内侧缘、长收肌的内侧缘。

3. 小腿肌 ｛前群（胫骨前肌、姆长伸肌、趾长伸肌）
外侧群（腓骨长、短肌）
后群（浅层：小腿三头肌；深层：趾长屈肌、胫骨后肌、姆长屈肌）

与髋关节运动有关的骨骼肌：

屈	髂腰肌、阔筋膜张肌、缝匠肌、股直肌
伸	臀大肌、股二头肌、半腱肌、半膜肌
内收	耻骨肌、股薄肌、长收肌、短收肌、大收肌等大腿内侧肌群
外展	臀中肌、臀小肌
旋内	臀中、小肌的前部肌束
旋外	髂腰肌、臀大肌、臀中、小肌的后部肌束、梨状肌、耻骨肌等大腿内侧肌群

与膝关节运动有关的骨骼肌：

屈	缝匠肌、股二头肌、半腱肌、半膜肌、小腿三头肌
伸	股四头肌
旋内	半腱肌、半膜肌
旋外	股二头肌、大腿内收肌群（耻骨肌、长/短收肌、股薄肌、大收肌）

与距小腿关节（踝关节）运动有关的骨骼肌：

背屈（伸）	胫骨前肌、姆长伸肌、趾长伸肌（腓深神经）
跖屈（屈）	小腿三头肌、趾长屈肌、胫骨后肌、姆长屈肌（胫神经）
足内翻	胫骨前肌（腓深神经）、胫骨后肌（胫神经）
足外翻	腓骨长/短肌（腓浅神经）、第三腓骨肌（腓深神经）

病例3：

男，56岁，1年前因鼻咽癌伴左侧颈部淋巴结转移而行鼻咽癌原发灶切除术，并行左颈部淋巴结清除术（切除涉及淋巴结及脂肪结缔组织、颈阔肌、胸锁乳突肌、颈内外静脉、肩胛舌骨肌、下颌下腺和副神经等组织），右侧仅行部分淋巴结单纯摘除术。现患者因转头困难就医。试从解剖学角度分析患者转头困难的原因。

第三章 肌学

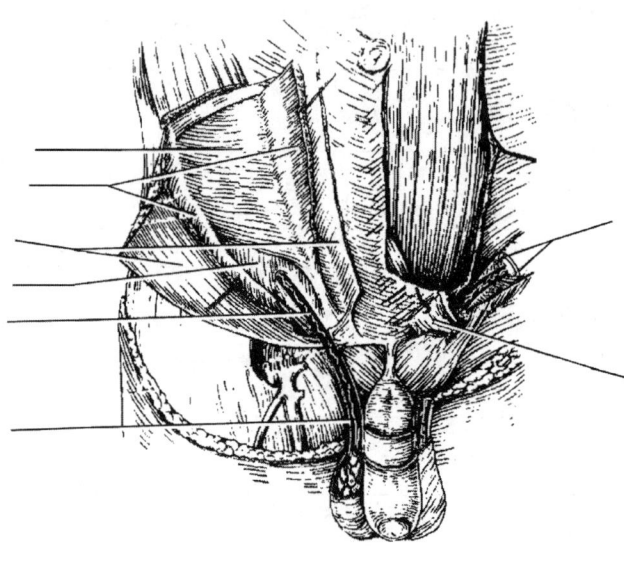

腹肌

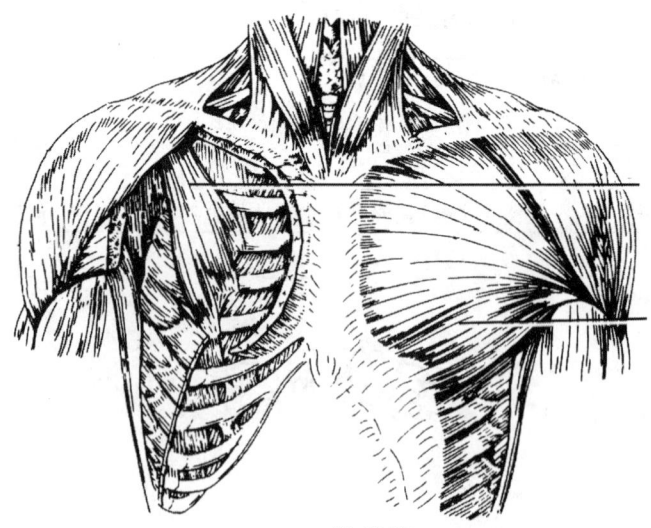

胸前壁

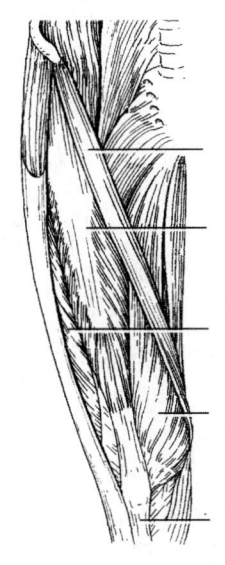
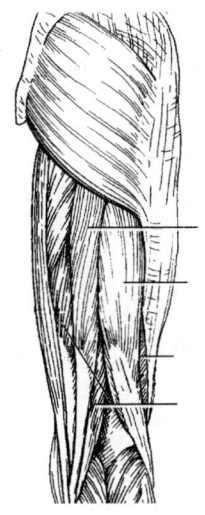

大腿肌

一、名词解释

1. 腱鞘
2. 腹股沟韧带
3. 斜角肌间隙
4. 腕管
5. 白线
6. 腹股沟三角
7. 股三角

二、填空题

1. 在上肢上举固定时，可引体向上的肌有_____和_____。
2. 膈有三个裂孔，分别为_____、_____和_____，其中_____紧贴脊柱的前方，内有_____和_____通过。
3. 通过腹股沟管的主要结构在男性是_____，在女性是_____。
4. 与腹直肌的后面直接相贴的结构是_____和_____。在腹股沟管内，位于精索后方的结构是_____和_____。
5. 腹股沟管浅环位于_____，是_____上的裂孔。
6. 全部或部分起自喙突的臂肌有_____，全部或部分起自坐骨结节的肌有_____、_____和_____。
7. 止于肱骨大结节的肌有_____、_____和_____。
8. 在前臂前群各肌中，起于肱骨内上髁的有_____、_____、_____和_____。
9. 前臂后群肌浅层由桡侧向尺侧依次为_____、_____、_____、_____和尺侧腕伸肌。
10. 梨状肌将_____孔分为梨状肌上孔和梨状肌下孔，梨状肌下孔中有_____通过。
11. 股四头肌位于_____，其中_____起自髂前下棘，其余三头起自_____，肌腹移

第三章 肌 学

行为_____（肌腱）。

12. 伸髋关节、屈膝关节的肌有_____、_____和_____，屈髋关节、伸膝关节的为_____。

13. 腓骨长肌起自_____，肌腱经_____至足底，它的作用是使足_____和_____。

三、选择题

【A 型题】

1. 穿行膈的食管裂孔的结构是
   A. 膈神经
   B. 胸导管
   C. 主动脉
   D. 迷走神经
   E. 下腔静脉

2. 腹股沟韧带
   A. 位于两侧髂前上棘之间
   B. 由腹内斜肌腱膜构成
   C. 为腹股沟管的前壁
   D. 由腹外斜肌腱膜构成
   E. 由腹壁下部深筋膜构成

3. 胸锁乳突肌
   A. 起自胸骨
   B. 一侧收缩，使脸转向同侧
   C. 两侧收缩时头前倾
   D. 起于锁骨的内侧端
   E. 一侧收缩时头向同侧倾斜

4. 牵拉肩胛骨向前的肌是
   A. 胸大肌
   B. 前锯肌
   C. 肩胛下肌
   D. 斜方肌
   E. 小圆肌

5. 在肩关节外展中，较重要的一对肌是
   A. 三角肌和冈上肌
   B. 三角肌和冈下肌
   C. 冈下肌和胸大肌
   D. 冈上肌和大圆肌
   E. 冈上肌和小圆肌

6. 止于肱骨小结节的肌是
   A. 冈上肌
   B. 冈下肌
   C. 肩胛下肌
   D. 小圆肌
   E. 大圆肌

7. 既可屈髋关节又可屈膝关节的肌是
   A. 股二头肌
   B. 缝匠肌
   C. 股直肌
   D. 髂腰肌
   E. 半腱肌

8. 使膝关节屈和旋内的肌是
   A. 半腱肌
   B. 股二头肌
   C. 股四头肌
   D. 比目鱼肌
   E. 阔筋膜张肌

【B 型题】

(1~3 题共用备选答案)
A. 腹外斜肌
B. 腹横肌
C. 腹股沟韧带
D. 腹外斜肌腱膜
E. 腹横筋膜

1. 与腹股沟管腹环的形成有关的是
2. 形成腹股沟管前壁的是
3. 参与形成腹股沟管上壁的是

(4~5 题共用备选答案)
A. 颞肌
B. 咬肌
C. 翼外肌
D. 下颌舌骨肌
E. 胸骨舌骨肌

4. 仅使下颌骨上提的是
5. 使下颌骨向对侧侧方运动的是

(6~8 题共用备选答案)
A. 腓肠肌

B. 胫骨前肌
C. 胫骨后肌
D. 腓骨长肌
E. 比目鱼肌

6. 屈膝关节、屈踝关节的是
7. 使足跖屈和外翻的是
8. 使足背屈和内翻的是

【X 型题】

1. 穿行膈的结构有
   A. 降主动脉
   B. 迷走神经
   C. 下腔静脉
   D. 膈神经
   E. 食管
2. 斜角肌间隙
   A. 由前、中斜角肌与第一肋围成
   B. 有臂丛通过
   C. 有锁骨下静脉通过
   D. 有锁骨下动脉通过
   E. 有膈神经通过
3. 腹股沟管
   A. 是腹前壁下部的肌性裂隙

B. 位于腹股沟韧带内侧半上方
C. 男性有精索穿过
D. 女性有子宫阔韧带穿过
E. 皮下环是腹横筋膜向外的突口

4. 通过腕管的肌腱有（2004 年研究生）
   A. 指浅屈肌腱
   B. 指深屈肌腱
   C. 掌长肌腱
   D. 尺侧腕屈肌腱
   E. 拇长屈肌腱
5. 使大腿外旋的肌有（2007 年研究生）
   A. 髂腰肌
   B. 阔筋膜张肌
   C. 臀大肌
   D. 臀中肌
   E. 臀小肌
6. 可使足内翻的肌是
   A. 胫骨前肌
   B. 胫骨后肌
   C. 腓骨长肌
   D. 腓骨短肌
   E. 趾长伸肌

四、问答题

1. 参与呼吸的肌有哪些？各有什么作用？
2. 试述腹前、外侧壁的层次。
3. 试述腹直肌鞘的构成。
4. 试述腹股沟管的位置、四壁和两个口。
5. 使肘关节屈、伸和前臂旋前、旋后的肌各有哪些？
6. 运动髋关节的肌有哪些？
7. 试述小腿三头肌的位置、起止和作用。
8. 运动踝关节和能使足内翻、外翻的肌各有哪些？

选择题参考答案

A 型题：
1. D 2. D 3. E 4. B 5. A 6. C 7. B 8. A

B 型题：
1. E 2. D 3. B 4. B 5. C 6. A 7. D 8. B

X 型题：
1. ABCE 2. ABD 3. ABC 4. ABE 5. ACDE 6. AB

第三章 肌学

如果到了一座金矿，你就能轻松地拿到金子。

内脏学

第四章 总论

1. 内脏的一般结构
(1) 中空性器官管壁分层：黏膜层、黏膜下层、肌层、浆膜层。
(2) 实质性器官：门。
2. 胸腹部的标志线和腹部分区
(1) 胸部的标志线：锁骨中线、腋中线、肩胛线等。
(2) 腹部的标志线和分区：
四分法：左上腹、右上腹、左下腹、右下腹。
三部九分法：

三部	九分法		
腹上部	左季肋区	腹上区	右季肋区
腹中部	左腰区	脐区	右腰区
腹下部	左腹股沟区（左髂区）	腹下区（耻区）	右腹股沟区（右髂区）

内脏的发生

从发生和结构来看，内脏各系统间的关系也很密切。在种系发生过程中，最先出现的是一条原始消化管。以后在原始消化管的头端发生呼吸系（水生动物的鳃或陆生动物的喉、气管和肺）；原始消化管的尾端，有泌尿生殖系的管道通入。至爬行类出现腭，将原始消化管和呼吸管的最头端分开，形成口腔和鼻腔。从哺乳类（单孔目除外）开始，泌尿生殖管道和消化管末端的直肠也完全分开。所以消化系在内脏各系统中是最古老的。个体发生反映着种系发生，也经过类似过程。最先内胚层在脊索的腹侧围成原肠管，发展成消化系的主要部分；以后自原肠管头端咽的腹侧突出呼吸系。又由于产生了腭，将口腔与上方的鼻腔分开，因而使呼吸系与消化系在咽部形成交叉。泌尿系和生殖系在发生上关系更为密切，它们都主要起源于中胚层，它们的排出管共同开口于尿生殖窦，因而在成体，男性两系管道的末端仍然保留共用形式。

第五章 消化系统

消化系统由消化管和消化腺组成。上、下消化道的分界是十二指肠。

一、消化管

1. 口腔：
（1）口腔的分部：**口腔前庭、固有口腔**。
（2）口腔各壁的形态结构和口内器官：口唇、颊、腭、舌、牙、唾液腺。
☆☆**咽峡（口咽峡）**：腭垂、腭帆游离缘两侧的腭舌弓和舌根共同围成咽峡。咽峡为口腔和咽的分界。
☆☆**舌乳头**：丝状乳头、菌状乳头、叶状乳头、轮廓乳头（味蕾）。
☆☆**颏舌肌**：
☆☆**牙及牙式**：牙冠、牙颈、牙根；牙釉质、牙本质、牙骨质；牙龈、牙槽骨、牙周膜；牙髓。

	I	II	III	IV	V
乳牙	乳中切牙	乳侧切牙	乳尖牙	第一乳磨牙	第二乳磨牙
恒牙	1	2	3	4	5	6	7	8
	中切牙	侧切牙	尖牙	第一前磨牙	第二前磨牙	第一磨牙	第二磨牙	第三磨牙

☆☆**大唾液腺排泄管的开口及神经支配**：

	开口	神经支配
腮腺	平对上颌第二磨牙的颊黏膜上	舌咽神经
下颌下腺	舌下阜	面神经
舌下腺	舌下阜及舌下襞	面神经

- **腮腺炎（MUMPS）**
    由于鼻咽部的感染，几对唾液腺均可能发生炎症，但腮腺却最易感染腮腺炎病毒。腮腺炎是一种炎症。患腮腺炎时，腮腺的体积增大，并伴有中度发热、不适。尤其是在吞咽酸性食物或饮用酸性饮料时，咽喉部可出现剧痛。肿胀出现在一侧或两侧的脸颊部、下颌支的前方。在青春期后，有20%～35%的男性腮腺炎患者可能会继发睾丸炎，尽管发生率很低，但可能是造成不育的一个原因。对某些患者，还可能出现无菌性脑膜炎、胰腺炎和听力下降等并发症。

2. **咽**：

(1) **咽的位置和形态**：上起颅底，下至第六颈椎的下缘。分鼻咽部、口咽部和喉咽部。

(2) **咽的分部和交通**：以软腭和会厌上缘平面为界。

分部	重要结构	交通
鼻咽部	咽鼓管咽口、咽鼓管圆枕、咽隐窝、咽扁桃体	向前经鼻后孔通鼻腔
口咽部	腭扁桃体、扁桃体窝、咽淋巴环	向前经咽峡通口腔
喉咽部	梨状隐窝	向前经喉口通喉腔

3. **食管**：分颈部、胸部和腹部。

食管的三个狭窄
① 起始处（距中切牙 15cm）
② 与左主气管交叉处（距中切牙 25cm）
③ 穿膈处（距中切牙 40cm）

4. **胃**：

(1) **胃的形态和分部**：胃贲门/幽门、胃大/小弯、角切迹、胃窦（易发溃疡）；分贲门部、胃底、胃体、幽门部（幽门窦、幽门管）。

(2) **胃的位置和毗邻**。

轻松链接

Peptic Ulcers（胃的消化性溃疡）

An ulcer is a craterlike lesion in a membrane. Ulcers that develop in areas of the gastrointestinal tract exposed to acid gastric juice are called peptic ulcers. Most occur on the lesser curvature of the stomach, where they are called gastric ulcers, or in the first part of the duodenum, where they are called duodenal ulcers.

Hypersecretion of acid gastric juice seems to be the immediate cause of duodenal ulcers. In gastric ulcer patients, because the stomach wall is highly adapted to resist gastric juice through the secretion of mucus, the cause may be hyposecretion of mucus. Hypersecretion of pepsin also may contribute to ulcer formation.

Among the factors believed to stimulate an increase in acid secretion are emotions, cigarette smoking, certain foods or medications (alcohol, coffee, aspirin), and overstimulation of the vagus (X) nerve. Normally, the mucous membrane lining the stomach and duodenal walls resists the secretions of hydrochloric acid and pepsin. In some people, however, this resistance breaks down and an ulcer develops. Some evidence suggests that peptic ulcers may be caused by the bacterium Campylobacter pyloridis（幽门弯曲菌）.

---

5. **小肠**：

(1) **十二指肠**：分上部（十二指肠球，易发溃疡）、降部、水平部和升部。

※※**十二指肠大乳头**：在十二指肠降部的内侧壁上有一纵行皱襞（十二指肠纵襞），其下端的突起称十二指肠大乳头，为胆总管和胰管的共同开口处。

(2) 空肠和回肠：

	空肠	回肠
长度	约占系膜小肠的 2/5	约占系膜小肠的 3/5
管径	较粗大	较细小
管壁	较厚	较薄
内容物	尸体的肠管多空虚	尸体的肠管多有内容物
颜色	淡红色，较为红润	淡红色，略为苍白
血管	较丰富	较少
小肠襻	多呈横位排列	多呈纵位排列
环状襞	高而密	低而稀疏
绒毛	密集而高大	稀疏而细小
孤立淋巴滤泡	较少	较多
集合淋巴滤泡	无或偶尔发现	较多，分布于游离缘
Meckel 憩室	不发生	可以发生

轻松链接

- Meckel 憩室（Meckel's Diverticulum）：

约有 2% 的个体，在距回盲瓣 1m 附近，有一长约 5cm 的囊袋状突起，管径与回肠近似，其盲性末端借纤维性条带连于腹壁或小肠的其他部位，为胚胎早期卵黄囊管未完全消失而形成。

6. **大肠**：

大肠的特征性结构：结肠带、结肠袋、肠脂垂。

(1) 盲肠和阑尾：

☆☆**回盲瓣**：回肠末端突入盲肠形成的上、下两个唇状皱襞。

☆☆**阑尾根部的体表投影**：脐与右髂前上棘连线的中、外 1/3 交界处，称 McBurney 点。阑尾的位置变异见下图。

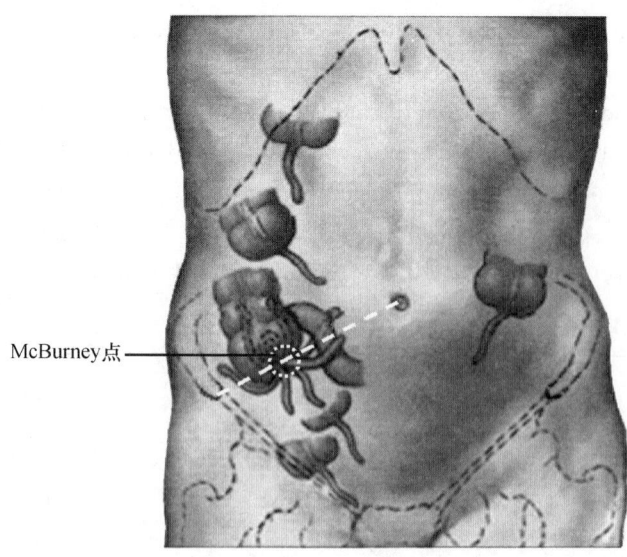

McBurney点

> **Appendicitis（阑尾炎）**
>
> Appendicitis is an inflammation of the vermiform appendix. It is preceded by obstruction of the lumen of the appendix by fecal material, inflammation, a foreign body, carcinoma of the cecum, stenosis, or kinking of the organ. The infection that follows may result in edema, ischemia, gangrene, and perforation. Rupture of the appendix develops into peritonitis（腹膜炎）.
>
> Typically, appendicitis begins with referred pain in the umbilical region（脐区）of the abdomen, followed by anorexia (lack or loss of appetite for food), nausea, and vomiting. After several hours, the pain localizes in the right lower quadrant（RLQ，右下腹部）and is continuous, dull or severe, and intensified by coughing, sneezing, or body movements.
>
> Early appendectomy（阑尾切除手术）is recommended in all suspected cases because it is safer to operate than to risk gangrene, rupture, and peritonitis.

（2）结肠：分升结肠、横结肠、降结肠和乙状结肠；结肠左/右曲。

（3）直肠：其矢状面上的两个弯曲：骶曲、会阴曲；直肠横襞。

（4）肛管（直肠肛门部）

☆☆**齿状线**：肛柱的下缘和肛瓣的边缘共同围成的锯齿状的环行线，为内痔与外痔、黏膜与皮肤的分界线。

	齿状线以上	齿状线以下
来源	后肠末端泄殖腔后份（内胚层）	原肛（外胚层）
上皮	单层柱状上皮	复层扁平上皮
内表面	黏膜覆盖	皮肤覆盖
动脉供应	直肠上、下动脉	肛动脉
静脉回流	经直肠上静脉至肝门静脉	经肛静脉至下腔静脉
淋巴回流	至腰淋巴结和髂内淋巴结	至腹股沟淋巴结
神经支配	内脏神经（痛觉不敏感）	躯体神经（痛觉敏感）

☆☆**白线**：痔环（肛梳）下缘的一环行线，为肛门内、外括约肌的分界处。

☆☆**肛梳**：齿状线下方宽约1cm的环行光滑区。

二、消化腺

1. 肝

（1）肝的形态和**分叶**：

①膈面：以镰状韧带为界分为右叶和左叶。

②脏面：以右侧纵沟（腔静脉沟和胆囊窝）、横沟（肝门）、左侧纵沟（静脉韧带裂、肝圆韧带裂）为界分为右叶、左叶、尾状叶、方叶。

(2) 肝的位置和毗邻见下图：

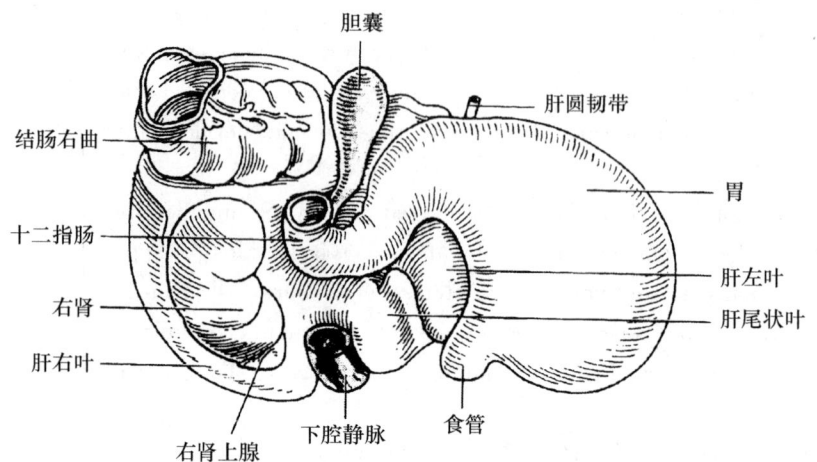

(3) 肝内管道及肝段（见右图）：

韩永坚分段法	Couinaud 分段法
尾状叶	段Ⅰ
左外叶下段	段Ⅱ
左外叶上段	段Ⅲ
左内叶	段Ⅳ
右前叶	段Ⅴ
右后叶下段	段Ⅵ
右后叶上段	段Ⅶ
右前叶	段Ⅷ

2. 肝外胆道

(1) 胆囊：

①分部：胆囊底、体、颈、管4部。

②胆囊底的体表投影：右锁骨中线与肋弓的交界处。

③胆囊三角：由胆囊管、肝总管和肝的脏面围成的三角形区域称胆囊三角。

(2) 输胆管道及胆汁的排泄途径：

肝细胞分泌胆汁→胆小管→小叶间胆管→肝左、右管
→胆总管→胆总管→肝胰壶腹 —开口→ 十二指肠大乳头
胆囊⇌胆囊管
(*未进食时)

Gallstones（胆石症）

The fusion of crystals of cholesterol（胆固醇结晶）in bile is the beginning of 75 percent of all gallstones (biliary calculi). Following their formation, gallstones gradually grow in size and number and may cause minimal, intermittent, or complete obstruction to the flow of bile from the gallbladder into the duct system. If obstruction of the outlet occurs and the gallbladder cannot empty as it normally does after eating, the pressure within it increases, and the individual may have intense pain or discomfort（biliary colic，胆绞痛）. Jaundice, due to the inability to secrete bilirubin into the intestine, will accompany complete biliary obstruction（阻塞性黄疸）.

轻松链接

3. 胰：
位置：腹上区和左季肋区，横置于第1～2腰椎体前方。
分部：胰头、胰颈、胰体、胰尾。
钩突、胰管、副胰管；十二指肠大/小乳头。

舌：舌根苦、舌尖甜、舌背两侧管酸咸。
　　面体尖、根舌咽、三叉神经司一般。

轻松记忆

病例 4：
　　男，25 岁，建筑工人，工作时不慎从 2 楼坠落，因上腹部撞击到地面重物急诊入院。查体发现右上腹壁紧张，并有轻度失血性休克的表现。胸部 X 线检查未见异常，腹腔穿刺未见血性液体。CT 检查示：右半肝内血肿，小肠内有大量积血。胃和其他消化管内未见异常。试从解剖学角度思考小肠内积血的原因。

消化器官（如胃、胰）能消化食物，为什么不能消化自身？

轻松论坛

第五章 消化系统

轻松图表

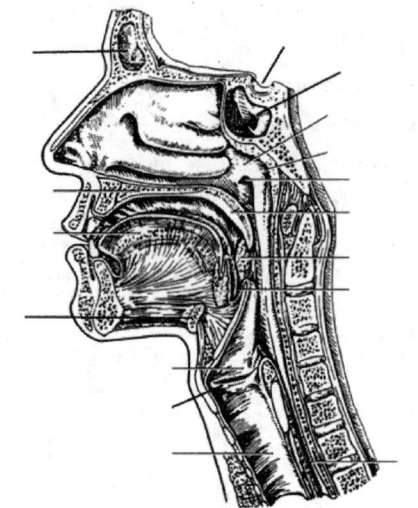
鼻、口、咽、喉

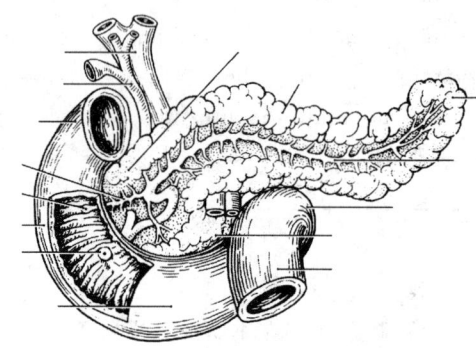
胰、十二指肠

直肠

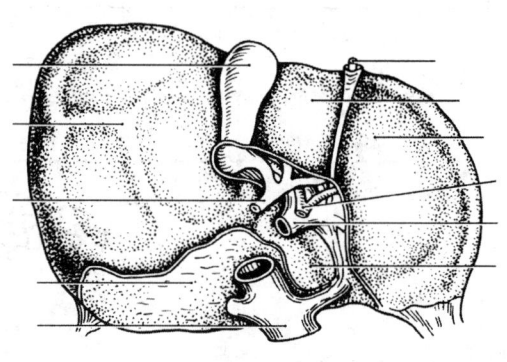
肝的脏面

轻松应试

一、名词解释

1. 咽淋巴环
2. 十二指肠大乳头
3. Treitz 韧带
4. 回盲瓣
5. McBurney 点
6. 齿状线
7. 肝胰壶腹

二、填空题

1. 消化系统由_____和_____两部分组成。临床上所说的上消化道是指_____以上的消化管；下消化道是指_____以下的消化管。
2. 颏舌肌起于_____，止于_____。当一侧颏舌肌瘫痪，伸舌时舌尖偏向_____。
3. 腮腺（导）管自腺体上部发出，约在_____下方一横指处行向内侧，至_____前缘处弯向口腔内，穿过_____，开口于_____。
4. 胃的入口称为_____，位于第11胸椎的_____侧；胃的出口称为_____，约位于第_____腰椎的_____侧。
5. 十二指肠末端与空肠头端的折转处，形成_____，它借_____悬吊于腹后壁。
6. 十二指肠上部的起始段，黏膜面光滑，称_____。在十二指肠的_____部的_____壁黏膜面有一纵行的皱襞，皱襞下端有_____的开口。
7. 肛管是指_____（部位）的消化管，其下端终于_____。
8. 肝的上界，在右锁骨中线平第_____肋，前正中线平_____，左锁骨中线平_____。
9. 胆总管由_____和_____汇合成。胆总管在_____韧带内下降，经_____的后方斜向右下在_____与胰管汇合。
10. 胰的位置较深，相当于_____水平，横卧于腹后壁。胰头后方有_____；胰体的前方与_____相邻，胰尾伸向左上方，直抵_____门。

三、选择题

【A型题】

1. **不含**味蕾的舌乳头是（2007年研究生）
   A. 丝状乳头
   B. 菌状乳头
   C. 轮廓乳头
   D. 叶状乳头
   E. 颏舌乳头
2. 关于食管狭窄的叙述**错误**的是（2006年研究生）
   A. 食管全长有3个生理性狭窄
   B. 第一狭窄位于第6颈椎体下缘平面续于咽处
   C. 第二狭窄位于食管与左主支气管交叉处
   D. 第三处狭窄位于其末端与胃的贲门相接处
   E. 第三处狭窄距中切牙约40cm
3. **不具有**结肠带、结肠袋和肠脂垂的消化管是
   A. 盲肠
   B. 升结肠
   C. 横结肠
   D. 乙状结肠
   E. 直肠
4. 阑尾的位置最多见的是
   A. 回肠前位
   B. 回肠后位
   C. 盲肠下位
   D. 盲肠内位
   E. 盆位
5. 关于盲肠的叙述，下列哪项是正确的
   A. 位于小骨盆腔内
   B. 阑尾开口的前方有回盲瓣
   C. 没有结肠带
   D. 阑尾开口于盲肠的后内侧壁
   E. 右接回肠
6. 关于直肠的弯曲叙述**错误**的是
   A. 骶曲凸向后
   B. 骶曲距肛门7～9cm
   C. 会阴曲凸向前
   D. 会阴曲距肛门11cm
   E. 冠状面上的弯曲不甚恒定

7. 肛梳位于
   A. 齿状线上方
   B. 齿状线下方
   C. 白线下方
   D. 肛门口
   E. 肛柱上方
8. 关于肛管的叙述**错误**的是
   A. 是大肠的末段
   B. 肛管上段有若干纵行黏膜皱襞
   C. 在痔环处形成的痔为外痔
   D. 白线相当于肛门内、外括约肌的分界处
   E. 肛门内、外括约肌均为平滑肌
9. **不经**肝门出入的结构是
   A. 肝固有动脉左右支
   B. 肝左右管
   C. 肝门静脉左右支
   D. 肝静脉
   E. 肝的神经和淋巴管
10. 关于胆总管的描述正确的是
    A. 由左、右肝管汇合而成
    B. 由肝总管和胆囊管合成
    C. 在肝胃韧带内下降
    D. 直接开口于十二指肠上部
    E. 胰管与肝总管合并为胆总管

【B 型题】

(1～3 题共用备选答案)
A. 舌系带
B. 舌下阜
C. 舌下襞
D. 舌扁桃体
E. 腭舌弓

1. 深面有舌下腺的是
2. 参与构成（口）咽峡的是
3. 与形成扁桃体窝有关的结构是

(4～5 题共用备选答案)
A. 咽鼓管咽口
B. 腭扁桃体
C. 梨状隐窝
D. 扁桃体窝
E. 会厌

4. 属鼻咽部的结构是
5. 参与形成咽淋巴环的是

(6～8 题共用备选答案)
A. 肛柱
B. 肛瓣
C. 肛梳
D. 肛管
E. 肛门

6. 位于白线与齿状线之间的环状部分是
7. 纵行的黏膜皱襞为
8. 相邻两肛柱下端的半月形黏膜皱襞是

(9～10 题共用备选答案)
A. 胃的贲门部
B. 胃底
C. 胃体
D. 胃的幽门部
E. 胃的幽门窦

9. 与膈和脾相邻的是
10. 贲门平面以上的部分是

(11～12 题共用备选答案)
A. 肝左管
B. 肝右管
C. 肝固有动脉
D. 肝门静脉
E. 胆囊管

11. 参与汇成胆总管的是
12. **不参与**构成肝蒂的是

【X 型题】

1. 盲肠具有的形态特征是
   A. 结肠带
   B. 结肠袋
   C. 肠脂垂
   D. 连有系膜
   E. 连有韧带
2. 参与围成（口）咽峡的结构有
   A. 腭垂
   B. 腭帆后缘
   C. 腭舌弓
   D. 腭咽弓

E. 舌根

3. 牙周组织包括
   A. 牙髓
   B. 牙釉质
   C. 牙槽骨
   D. 牙周膜
   E. 牙龈

4. 围成胆囊三角的有
   A. 肝总管
   B. 胆总管
   C. 胆囊管
   D. 肝门静脉
   E. 肝的脏面

四、问答题

1. 大唾液腺有几对？分别写出各对大唾液腺的名称、位置及其导管的开口部位。
2. 简述胃的位置、毗邻、分部，各部的动脉供应及其来源。
3. 肛管的内面有哪些重要结构？这些结构在临床上有什么意义？
4. 简述肝的脏面的形态结构。
5. 具体说明肝细胞分泌的胆汁是如何到达消化道的。

选择题参考答案

A 型题：

1. A 2. D 3. E 4. B 5. D 6. D 7. B 8. E 9. D 10. B

B 型题：

1. C 2. E 3. E 4. A 5. B 6. C 7. A 8. B 9. B 10. B
11. E 12. E

X 型题：

1. ABC 2. ABCE 3. CDE 4. ACE

第六章　呼吸系统

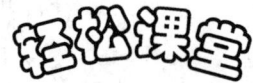

呼吸系统包括**呼吸道**和**肺**。呼吸道以喉为界分为上、下呼吸道。

一、呼吸道

1. 鼻
   - （1）外鼻。
   - （2）鼻腔：鼻前庭、固有鼻腔；**嗅区**。
   - （3）**鼻旁窦**（额、筛、蝶、上颌窦）的开口。

2. 咽

3. 喉

☆☆**喉的软骨**：甲状、会厌、环状、杓状软骨。

☆☆**喉的连结**：环杓关节、环甲关节、弹性圆锥（环甲膜）、方形膜、甲状舌骨膜。

☆☆**喉腔**：以前庭襞、声襞分喉腔为喉前庭、喉中间腔及喉室、声门下腔。

喉肌	起点	止点	作用	神经支配
环杓后肌	环状软骨板后面	杓状软骨肌突	开大声门裂，紧张声带	喉返神经
环杓侧肌	环状软骨弓上缘和外侧面	杓状软骨肌突	缩小声门裂	喉返神经
杓横肌	一侧杓状软骨后面	另一侧杓状软骨后面	缩小声门裂	喉返神经
杓斜肌	一侧杓状软骨肌突	对侧杓状软骨尖	缩小喉口	喉返神经
环甲肌	环状软骨弓前外侧面	甲状软骨下缘和下角	紧张声带	喉上神经
甲杓肌	甲状软骨前角内面	杓状软骨外侧面及声带突	松弛声带，缩小声门裂	喉返神经
开大声门的肌	环杓后肌			
缩小声门的肌	环杓侧肌、杓横肌、杓斜肌			
紧张声带的肌	环甲肌			
松弛声带的肌	声带肌（甲杓肌上部肌纤维）			

轻松链接

4. 气管和主支气管
   - （1）气管；
   - （2）主支气管：

☆☆ **左、右主支气管的特征及临床意义**：左主支气管细长，近水平位；右主支气管粗短，近垂直位；异物易坠入右主支气管。

二、肺

1. 肺的位置和形态："一尖、一底、两面、三缘、两裂"。
2. 肺内支气管和支气管肺段。

三、胸膜

1. **胸膜及胸膜腔**：脏、壁胸膜在肺根处相互移行形成密闭的胸膜腔。
2. **胸膜的分部及胸膜隐窝**：壁胸膜分为胸膜顶、肋胸膜、纵隔胸膜和膈胸膜4部。
3. **胸膜隐窝**：肋膈隐窝。
4. **胸膜与肺的体表投影**：

☆☆ **下界**

	胸骨旁线	锁骨中线	腋中线	肩胛下线	近后正中线
胸膜	第6肋软骨	第8肋	第10肋	第11肋	第12胸椎棘突
肺	第6肋软骨	第6肋	第8肋	第10肋	第10胸椎棘突

Pneumothorax（气胸）：When air enters the pleural cavity surrounding either lung, the condition is referred to as a pneumothorax. A pneumothorax can result from an external injury, such as a stab, bullet wound, or penetrating fractured rib, or it can be the result of internal conditions. A severely diseased lung, as in emphysema, can create a pneumothorax as the wall of the lung deteriorates along with the visceral pleura and permits air to enter the pleural cavity.

A pneumothorax of the right lung (fig.). The right side of the thorax appears uniformly dark because it is filled with air; the spaces between the ribs are also greater than those on the left, since the ribs are released from the elastic tension of the lungs. The left lung appears denser (less dark) because of shunting of blood from the right to the left lung.

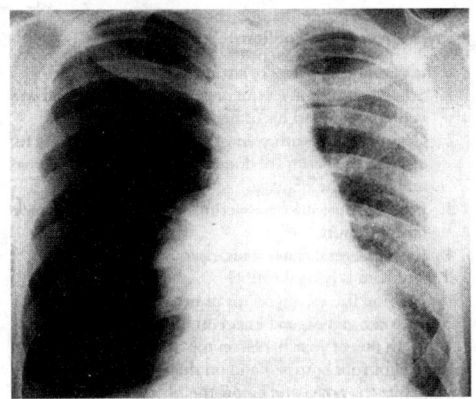

四、纵隔

分部		结　构
上纵隔		胸腺、头臂静脉、上腔静脉、主动脉弓及其分支、膈神经、迷走神经、食管、气管、胸导管、淋巴结等
		胸骨角平面
下纵隔	前纵隔	结缔组织、淋巴结
	中纵隔	心包、心、出入心的大血管根部
	后纵隔	胸主动脉、奇静脉、半奇静脉、副半奇静脉、食管、主支气管、迷走神经、胸交感干、胸导管、淋巴结

> "一尖、一底、两面、两裂、三缘"：肺的外形包括肺尖，肺底，胸肋面和纵隔面，斜裂和水平裂，前缘、后缘和下缘。　　　　　　轻松记忆

轻松思考

病例 5：

男，32 岁，因左侧胸部前上方被工具刀刺伤急诊入院。患者主诉左侧胸部疼痛感明显，有憋气感。查体：伤口在左侧颈根部，锁骨内上方、胸锁乳突肌的外侧。患者呼吸略急促，其他未见异常。胸部 X 线检查示：左肺的周围有气体和液体，左肺已缩小至一半体积。胸膜腔穿刺出血性液体（血气胸）。

思考： 这些气体和液体积聚在何处？是如何进入又将如何排出呢？

> 呼吸道传染病（如流感、肺结核等）的传播途径及防范措施。　　　　轻松论坛

第六章 呼吸系统

轻松图解

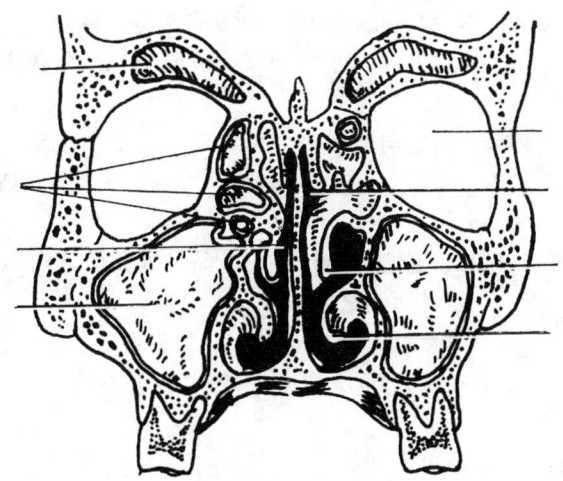

鼻腔及鼻旁窦

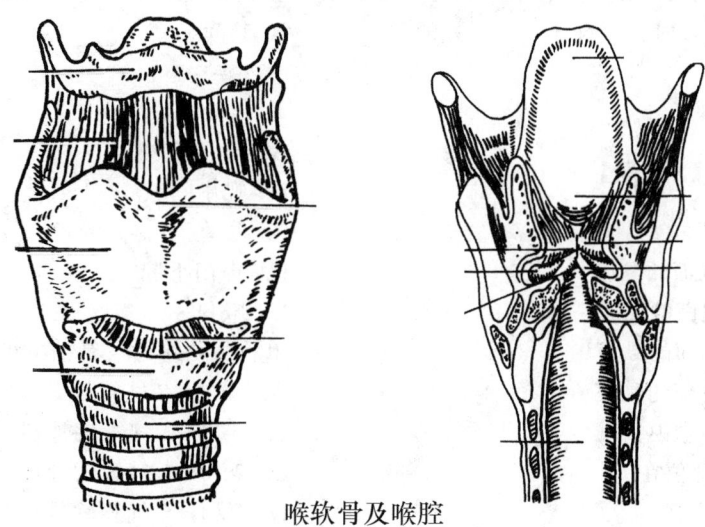

喉软骨及喉腔

轻松应试

一、名词解释

1. 声门裂
2. 弹性圆锥
3. 肺根
4. 肋膈隐窝（肋膈窦）
5. 纵隔

二、填空题

1. 呼吸系统中，鼻旁窦是_____衬以黏膜而成，包括有_____，对发音有_____作用，对吸入的空气有_____作用。
2. 环杓关节可使杓状软骨作_____运动，即能使两侧声带突_____；环甲关节可使甲状软骨作_____运动，即能使甲状软骨前角与杓状软骨声带突之间的距离_____。
3. 杓状软骨底有两个突起，其中向前的一个称为_____，有_____附着。
4. 声韧带的前端附着于_____，后端附着于_____。声韧带实为_____的游离上缘。
5. 在喉腔中部两侧壁上有上、下两对前后走向的黏膜皱襞，分别称为_____和_____，前者两侧之间形成_____，后者两侧之间形成_____。
6. 喉腔可被_____分为上、中、下三部分，分别称为_____、_____和_____。
7. 肺尖经_____向上伸入颈根部，可高出锁骨内 1/3 的上方_____ cm。肺底与_____邻贴，又称_____。
8. 壁胸膜按所在的部位不同可分为_____、_____、_____和_____四部分。壁胸膜与脏胸膜在_____处互相移行，它们共同围成_____。
9. 由于两侧胸膜前界的上、下端相互分开，所以在胸骨后方上、下各形成一个三角区：上方的称_____，内容_____；下方的称_____，其间显露_____。

三、选择题

【A 型题】

1. 含有嗅细胞的结构是
   A. 上鼻甲内侧面的黏膜
   B. 中鼻甲内侧面的黏膜
   C. 下鼻甲内侧面的黏膜
   D. 鼻中隔前下部的黏膜
   E. 鼻腔底部的黏膜
2. 鼻出血的好发部位在
   A. 鼻中隔上部
   B. 鼻中隔前下部
   C. 鼻腔顶部
   D. 鼻腔外侧壁下部
   E. 鼻中隔后部
3. 喉腔最狭窄的部位在
   A. 前庭裂
   B. 声门裂
   C. 喉室
   D. 喉口
   E. 梨状隐窝
4. 喉腔炎症时，易发生水肿的部位在
   A. 喉前庭
   B. 喉中间腔
   C. 喉室
   D. 声门下腔
   E. 喉口
5. 甲状腺峡跨过气管前方的部位是
   A. 第 1～2 气管软骨环
   B. 第 2～4 气管软骨环
   C. 第 3～5 气管软骨环
   D. 第 4～5 气管软骨环
   E. 第 5～6 气管软骨环
6. 呼吸道中完整的软骨环是
   A. 气管软骨环
   B. 甲状软骨
   C. 环状软骨
   D. 会厌软骨
   E. 杓状软骨
7. 临床气管切开的部位常选在
   A. 第 1～3 气管软骨环前正中线处
   B. 第 2～4 气管软骨环前正中线处
   C. 第 3～5 气管软骨环前正中线处

D. 第 4～6 气管软骨环前正中线处
E. 第 5～7 气管软骨环
8. 对右主支气管的叙述下列哪项是**错误**的
   A. 不如左主支气管垂直
   B. 比左主支气管短
   C. 管径比左主支气管宽
   D. 构造与气管类似
   E. 在肺门处分成三个叶支气管
9. 关于肺的叙述下列哪项是正确的
   A. 肺位于胸膜腔内、纵隔的两侧
   B. 肺尖位置高达胸廓上口
   C. 深吸气时肺下缘可深入到肋膈隐窝内
   D. 肺的内侧面有呈椭圆形凹陷的肺门
   E. 肺小舌在左肺上
10. 胸膜下界在近后正中线处
    A. 与第 10 肋的后端相交
    B. 达第 10 胸椎棘突的高度
    C. 与第 11 肋的后端相交
    D. 达第 12 胸椎棘突的高度
    E. 达第 12 胸椎体高度
11. 肺的下界在锁骨中线处
    A. 与第 6 肋相交
    B. 与第 8 肋相交
    C. 与第 10 肋相交
    D. 与第 11 肋相交
    E. 与第 12 肋相交

【B 型题】

(1～3 题共用备选答案)
   A. 额窦
   B. 蝶窦
   C. 上颌窦
   D. 前、中筛窦
   E. 后筛窦
1. 炎症时脓液引流**不通畅**的是
2. 开口于上鼻道的是
3. 开口于上鼻甲后上方的是

(4～5 题共用备选答案)
   A. 环甲关节
   B. 环杓关节
   C. 弹性圆锥

D. 甲状舌骨膜
E. 会厌
4. 与声带的构成有关的结构是
5. 参与构成喉腔上口的是

(6～8 题共用备选答案)
   A. 喉前庭
   B. 喉中间腔
   C. 声门下腔
   D. 喉口
   E. 杓状会厌襞
6. 位于前庭裂平面与喉口之间的是
7. 喉室属于上述哪个结构的一部分
8. 何处的黏膜下组织较疏松

(9～11 题共用备选答案)
   A. 环杓后肌
   B. 环杓侧肌
   C. 甲杓肌
   D. 环甲肌
   E. 杓横肌
9. 能开大声门的是
10. 能紧张声带的是
11. 与松弛声带功能有关的是

(12～14 题共用备选答案)
   A. 上纵隔
   B. 下纵隔
   C. 前纵隔
   D. 中纵隔
   E. 后纵隔
12. 胸主动脉位于
13. 胸腺主要位于
14. 心包位于

【X 型题】

1. 开口于中鼻道的鼻旁窦是
   A. 额窦
   B. 上颌窦
   C. 蝶窦
   D. 筛窦前、中群
   E. 筛窦后群
2. **不成对**的喉软骨有

A. 小角软骨
B. 甲状软骨
C. 环状软骨
D. 会厌软骨
E. 杓状软骨

3. 壁胸膜包括
   A. 肋胸膜
   B. 胸膜顶
   C. 纵隔胸膜
   D. 肺胸膜
   E. 膈胸膜

4. 肋膈隐窝
   A. 是肋胸膜与纵隔胸膜反折形成
   B. 是胸膜腔的一部分
   C. 是胸膜腔的最低部位
   D. 深吸气时肺下缘可深入其内
   E. 其下界在腋中线与第8肋相交

四、问答题

1. 简述上颌窦的位置、开口部位和功能。上颌窦炎症时，为何易积脓？
2. 气管和主支气管共同的结构特点是什么？异物易坠入哪一侧主支气管？为什么？
3. 试述左肺的形态结构及其体表投影。试述肺根内的主要结构。
4. 肋膈隐窝是如何形成的？它位于何处（包括相当的体表位置）？有何临床意义？

选择题参考答案

A 型题：
1. A 2. B 3. B 4. D 5. B 6. C 7. C 8. A 9. E 10. D
11. A

B 型题：
1. C 2. E 3. B 4. C 5. E 6. A 7. B 8. C 9. A 10. D
11. C 12. E 13. A 14. D

X 型题：
1. ABD 2. BCD 3. ABCE 4. BC

一日之际在于晨

第七章 泌尿系统

1. **泌尿系统的组成**：肾、输尿管、膀胱、尿道。
2. **肾**

(1) **肾的形态**：

☆☆**肾门**：肾内侧缘凹陷，有肾动脉、肾静脉、肾盂等结构出入。

☆☆**肾蒂**：从前向后：肾静脉、肾动脉、肾盂；由上到下：肾动脉、肾静脉、肾盂。

(2) **肾的位置**：

	上端	下端
左肾	平对第12胸椎上缘	平对第3腰椎上缘
右肾	平对第12胸椎下缘	平对第3腰椎下缘

(3) **肾区**：临床上常将竖脊肌的外侧缘与第12肋的夹角处称为肾区。

(4) **肾的被膜**：纤维囊、脂肪囊、肾筋膜。

(5) **肾的结构**：肾实质可分为**肾皮质**、**肾髓质**两部分。

肾的冠状断面上可见：肾皮质、肾髓质、肾窦、肾柱、肾锥体、肾乳头、肾小盏、肾大盏、肾盂。

肾的动脉 （轻松链接）

肾动脉起自腹主动脉的两侧，约在第一腰椎水平、肠系膜上动脉稍下方发出。右肾动脉跨过中线经下腔静脉的后方到达右侧肾门，故较左侧为长。每侧肾动脉于到达肾门前，都发出细小的分支供应输尿管上端及肾脂肪囊，并发出肾上腺下动脉至肾上腺。动脉在达肾门前一般分为前、后两干，由前干分出4支，后干延为1支，分别供应肾的一定区域，形成肾动脉段。

(1) **上极段动脉**：一般起自前干，或与盂前上段动脉发自同一个干，供应上极段。此动脉常为肾副动脉，且可出现两支，多由后干发出一支供应后面一小区。

(2) **盂前上段动脉**：由前干发出，经上盏前面分两支入肾实质，分布于盂前上段。

(3) **盂前下段动脉**：常与下极段动脉合成一干。起始于前干，经肾盂前面向外入肾实质，分支供应肾前面中部的盂前下段。

(4) **下极段动脉**：常与盂前下动脉合成一干分布于下极段。下极段动脉有时为肾副动脉。

（5）盂后段动脉：多为后干的延续，越上盖肾盂交界处，呈弓状经肾盂后面斜向下外，沿途发出4~6支入肾实质，供应盂后段。

肾副动脉（不经肾门而入肾的动脉）非常多见。一般起自肾动脉的主干或直接起自腹主动脉，进入肾皮质的不同部分，但以进入肾上极或下极者最多。切除肾时必须牢记肾副动脉存在的可能性，否则可致较大的出血。肾下极的肾副动脉又可压迫输尿管，影响排尿而造成肾盂积水。

肾内的动脉相互间缺乏吻合，当一血管发生血流障碍时，其相应的肾实质即可发生坏死。因此行肾部分切除时应考虑肾段动脉的分布情况，以便减少出血和保证肾组织的血液供应。由于前干较粗，供血区较大，后干较细，供血区较小，在肾的中后三分之一交界处逐渐形成一条与肾长轴基本一致的少血区，即布勒德耳（Brodel）线，若在此平面切开肾，出血较少。

3. **输尿管**

(1) 输尿管分三个部分：腹段、**盆段**（与输精管、子宫动脉的关系）、壁内段。

(2) **输尿管的三个狭窄** ①肾盂与输尿管的移行处 ②跨越小骨盆的入口（髂血管）处 ③斜穿膀胱壁处

4. **膀胱**

(1) 膀胱的形态：膀胱尖、底、体、颈、尿道内口、输尿管间襞。

(2) **膀胱三角**：膀胱底的内侧面，左、右输尿管口与尿道内口间的三角形区域，缺少黏膜下组织，无黏膜皱襞，为膀胱肿瘤和结核的好发部位。

(3) 膀胱的位置和毗邻：成人的膀胱位于盆腔的前部，耻骨联合的后方。

膀胱的后方男性有精囊、输精管壶腹和直肠；女性有子宫和阴道。

膀胱的下方男性邻接前列腺；女性邻接尿生殖膈。

5. **尿道**

(1) 女性尿道：宽、短、直。

(2) 男性尿道：见男性生殖系统。

"纤维内衣、脂肪袄、筋膜合围两肾袍"：记忆肾的被膜，由内至外依次为纤维囊、脂肪囊、肾筋膜。

病例6：

女，23岁，于2天前因劳累后出现左侧腰痛，伴尿频，进而出现发热，T38.0℃，次日出现恶心、呕吐，无腹痛、腹泻等，当地门诊给予抗炎补液等对症治疗后好转。因再次出现发热、T38.5℃就诊。入院查体精神差，左侧腰痛，左下肢疼痛，尿频，无尿急、尿痛。血常规：WBC：$13.5×10^9/L$，LYMPH%：0.07，NEUT%：0.898。尿成分分析：PRO＋，BLD±，RBC＋，GLU±，WBC＋＋＋，酮体＋＋；异常红细胞占73%。查体：面色晦暗，左肾区叩击痛。

诊断：急性肾盂肾炎。试分析尿路感染或急性肾盂肾炎的易感人群及其诱因。

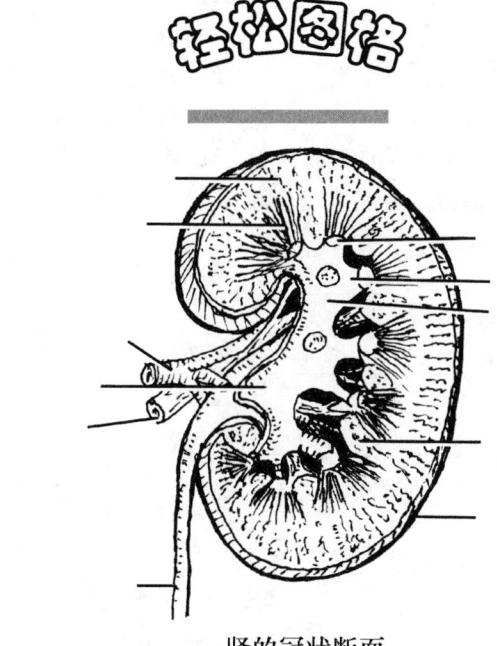

肾的冠状断面

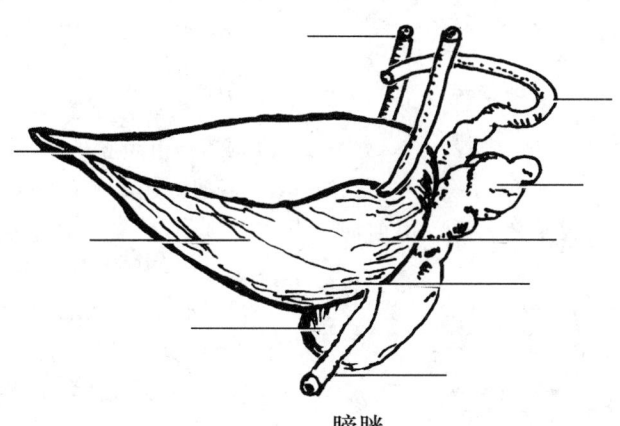

膀胱

第七章 泌尿系统

轻松应试

一、名词解释

1. 肾窦
2. 肾门
3. 肾蒂
4. 膀胱三角

二、填空题

1. 肾位于_____的两旁，在_____的后方紧贴腹后壁的上部。
2. 肾蒂主要结构的位置排列关系，自上而下为_____、_____和_____。
3. 左肾的位置略_____于右肾。左肾的上端平_____，下端平_____，第12肋斜过左肾后面的_____部。
4. 肾区的体表位置在_____与_____之间的夹角处。
5. 肾的表面有三层被膜，由内向外依次为_____、_____和_____。
6. 输尿管按其行程可分为_____、_____和_____三部分。输尿管最后以_____开口于膀胱底的内面。
7. 膀胱三角位于_____，其两侧角为_____；下角为_____，此三角的结构特点是_____。

三、选择题

【A 型题】

1. 肾门约平
   A. 第12胸椎
   B. 第1腰椎
   C. 第2腰椎
   D. 第3腰椎
   E. 第4腰椎
2. 肾蒂内主要结构的位置排列关系，由前向后依次为
   A. 肾动脉、肾静脉、输尿管
   B. 肾盂、肾静脉、肾动脉
   C. 肾静脉、肾动脉、输尿管
   D. 肾静脉、肾动脉、肾盂
   E. 肾动脉、肾盂、肾静脉
3. 右侧第12肋斜过
   A. 右肾的上方
   B. 右肾后面的上部
   C. 右肾后面的中部
   D. 右肾后面的下部
   E. 右肾的下方
4. 关于肾筋膜的叙述，下列哪项是正确的
   A. 前后两层间只包裹肾和脂肪囊
   B. 前后两层在上方和内、外侧相互融合
   C. 肾筋膜前层的前方覆盖有脏腹膜
   D. 肾筋膜后层与竖脊肌的筋膜相融合
   E. 是由腹膜外组织移行而来的纤维膜
5. 下列叙述，哪项是**错误**的
   A. 每2～3个肾小盏合成一个肾大盏
   B. 肾盂是由肾大盏汇合而成的
   C. 输尿管的始段位于肾窦内
   D. 包绕在肾乳头周围的是肾小盏
   E. 肾柱位于肾的髓质内
6. 关于输尿管的叙述，下列哪项是正确的
   A. 输尿管可分为腹段和盆段两部
   B. 腹段和盆段均走行于腹膜的后方
   C. 在盆段子宫动脉越过其后方
   D. 膀胱输尿管口是输尿管的第三个狭窄处
   E. 输尿管腔大壁薄，只有较薄的平滑肌层，可使尿液不断地流入膀胱

7. 关于膀胱的叙述，下列哪项是正确的
   A. 膀胱底朝向前下方
   B. 膀胱三角区内，黏膜皱襞较多
   C. 膀胱三角两个侧角间有横行黏膜皱襞
   D. 膀胱三角的上角为尿道内口
   E. 膀胱空虚时前壁直接与腹前壁接触。
8. **不**与膀胱后方相毗邻的结构是
   A. 精囊
   B. 直肠
   C. 前列腺
   D. 阴道
   E. 输精管壶腹
9. 关于女性尿道的叙述下列哪项是**错误**的
   A. 较男性尿道短而窄
   B. 直而无弯曲
   C. 只有排尿功能
   D. 起自尿道内口
   E. 开口于阴道前庭

【B 型题】

(1～4 题共用备选答案)
   A. 肾柱
   B. 肾小盏
   C. 肾锥体
   D. 肾纤维囊
   E. 肾门
1. 属肾髓质的结构是
2. 位于肾窦内的结构是
3. 属肾皮质的结构是
4. 与肾乳头形成有关的结构是

(5～8 题共用备选答案)
   A. 肾筋膜前层
   B. 肾筋膜后层
   C. 肾纤维囊
   D. 肾脂肪囊
   E. 脏腹膜
5. 临床常注入药物进行封闭治疗的是
6. 包绕于肾和肾上腺周围的是
7. 紧贴于肾实质表面的是
8. 肾的被膜中紧邻壁腹膜的是

(9～12 题共用备选答案)
   A. 膀胱尖
   B. 膀胱颈
   C. 膀胱底
   D. 膀胱三角
   E. 输尿管间襞
9. 与前列腺底相邻的是
10. 膀胱镜检查时，寻认输尿管口的标志是
11. 膀胱肿瘤和结核的好发部位是
12. 当膀胱充盈时，高出耻骨联合之上的是

【X 型题】

1. 出入肾门的结构有
   A. 肾动脉
   B. 肾静脉
   C. 输尿管
   D. 肾盂
   E. 肾窦
2. 关于肾的位置描述正确的是
   A. 左肾上端约平第 12 胸椎体上缘
   B. 左肾下端约平第 3 腰椎体上缘
   C. 右肾上端约平第 12 胸椎体下缘
   D. 右肾下端约平第 3 腰椎体下缘
   E. 肾的长轴与脊柱平行

四、问答题

1. 在肾的冠状切面上，可观察到哪些重要结构？
2. 输尿管有几个生理性狭窄？各位于何处？这些狭窄有什么临床意义？
3. 简述膀胱的位置和毗邻。

选择题参考答案

A 型题：
1. B 2. D 3. B 4. C 5. C 6. B 7. C 8. C 9. A

B型题：

1. C 2. B 3. A 4. C 5. D 6. D 7. C 8. A 9. B 10. E
11. D 12. A

X型题：

1. ABD 2. ABCD

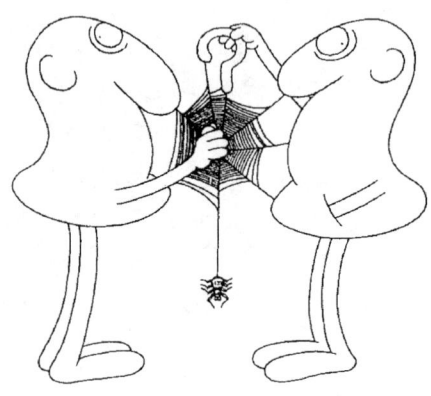

第八章 男性生殖系统

生殖系统的组成

男性生殖系统				女性生殖系统			
内生殖器			外生殖器	内生殖器			外生殖系
生殖腺	生殖管道	附属腺体		生殖腺	生殖管道	附属腺体	
睾丸	附睾 输精管 射精管 尿道	前列腺 精囊腺 尿道球腺	阴囊 阴茎	卵巢	输卵管 子宫 阴道	前庭大腺	大阴唇 阴蒂 小阴唇 阴阜

1. **睾丸**：能产生精子和分泌男性激素。睾丸小叶、精曲小管、精直小管等。睾丸被膜。

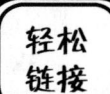

Testicular descent

The testis develops high on the posterior wall of the embryonic coelom and subsequently descends through the inguinal canal so that at or soon after birth it should be in the scrotum. Its descent may be arrested at any stage. It may take a wrong turn after it has come through the inguinal canal：such ectopic testes are fairly easy to place in the scrotum since the spermatic cord is long enough. More difficult to deal with is the testis，which has not travelled far enough to have a sufficiently long spermatic cord for the testis to be placed in the scrotum. Testes which are allowed to remain ectopic are inclined to malignant change.

2. **输精管分部**：睾丸部、精索部（输精管结扎）、腹股沟部、盆部（输精管壶腹）。
3. **精索**：为从腹股沟管深环至睾丸上部的圆索状结构，其内主要有输精管、睾丸动脉、蔓状静脉丛等。
精索表面有三层被膜（精索外筋膜、提睾肌、精索内筋膜）。
4. **前列腺**：前列腺底、体、尖，前列腺沟。
分前、中、后和两个侧叶。
5. **阴茎**：阴茎海绵体、尿道海绵体。
6. **男性尿道**：
(1) **分部**：前列腺部、膜部（后尿道）、海绵体部（前尿道）。
(2) **三个狭窄**：尿道内口、膜部、尿道外口。

> **前列腺分叶：**
> 　　前列腺由大部分的腺性组织和小部分的非腺性组织构成。McNeal 将前列腺细分为五个带区，其中非腺性组织参与构成前列腺的前部约 1/3，称之为前纤维肌肉基质区；腺性组织参与构成前列腺后方大部，即固有腺体。后者又细分为四个带区：周缘区、中央区、移行区及尿道周围腺区。在解剖学上常把移行区和尿道周围腺区合称为内腺，而将中央区和周缘区合称为外腺。但在临床工作中因尿道周围腺区、移行区和中央区三个带区不易区分常合称之为中央腺或内腺，把周缘区单独称之为外腺或称其原名周缘区。
> 　　前列腺疾病具有不同病种好发于其不同区域的特点。前纤维肌肉基质区基本不发生原发性病变，中央区很少发生原发性病变，移行区是良性前列腺增生的好发部位，周缘区则为前列腺癌和炎症的好发部位。据报道：前列腺癌约 70% 发生于周缘区，20% 发生在移行区，10% 发生在中央区。

　　（3）**三个膨大**：前列腺部、尿道球部、尿道舟状窝。
　　（4）**两个弯曲**：耻骨下弯、耻骨前弯。
　7. 精子的排出途径：
　　睾丸精曲小管上皮产生精子→精直小管→睾丸网→睾丸输出小管→附睾（头、体、尾）→输精管→射精管→尿道前列腺部→尿道膜部→尿道海绵体部→体外

　　　　　　　　　　精囊排泄管　　前列腺排泄管　　　尿道球腺排泄管

病例7：
　　A 27-year-old man mentioned to the doctor that he and his wife had been unable to conceive a child after nearly 2 years of trying. He added that his wife had taken the initiative of having a thorough gynecological evaluation in an attempt to find out what was causing the problem. Her test findings revealed no physical conditions that could be linked to infertility. Upon palpating the patient's testes, the doctor found nothing unusual. When he examined the scrotal sac above the testes, however, the doctor appeared perplexed. He informed his patient that two tubular structures, one for each testis, appeared to be absent, and that they probably had been missing since birth. During a follow-up visit, the doctor told the patient that examination of his ejaculate revealed azoospermia (no viable sperm).
　　Explain how the result of the semenalysis relates to the patient's physical exam findings. What are the missing structures?

第八章　男性生殖系统

男性有子宫吗？

轻松论坛

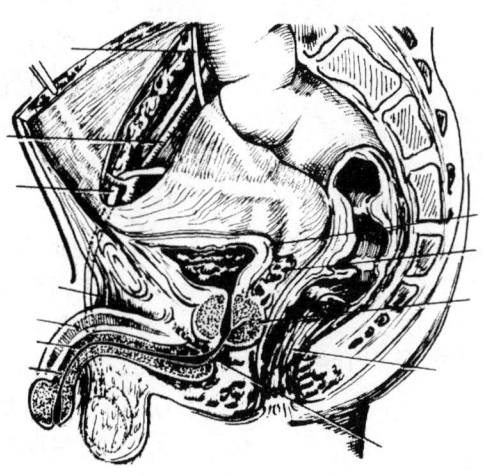

男性生殖系统

一、名词解释

1. 精索
2. 鞘膜腔
3. 阴茎包皮
4. 尿道球

二、填空题

1. 男性生殖附属腺包括＿＿＿＿、＿＿＿＿和＿＿＿＿。
2. 附睾可分为＿＿＿＿、＿＿＿＿和＿＿＿＿三部，其功能是＿＿＿＿＿＿。
3. 输精管按其行程可分为＿＿＿＿、＿＿＿＿、＿＿＿＿和＿＿＿＿四部，其中位置浅表、活体可触及的是＿＿＿＿部。
4. 射精管由＿＿＿＿和＿＿＿＿汇合而成，穿过＿＿＿＿实质，开口于＿＿＿＿。
5. 精索内筋膜是＿＿＿＿的延续，提睾肌来自＿＿＿＿，精索外筋膜是＿＿＿＿的延续。
6. 阴茎可分为＿＿＿＿、＿＿＿＿、＿＿＿＿三部，主要由＿＿＿＿和＿＿＿＿组成，外面共同包以＿＿＿＿＿＿。
7. 尿道海绵体位于阴茎海绵体的＿＿＿＿侧。尿道海绵体前端膨大为＿＿＿＿，后端膨大为＿＿＿＿。

8. 男性尿道可分为＿＿＿、＿＿＿和＿＿＿部。男性尿道有三处管径较狭窄，它们分别位于＿＿＿、＿＿＿、＿＿＿。

9. 临床上把男性尿道的＿＿＿和＿＿＿称为后尿道，把＿＿＿称为前尿道。

三、选择题

【A 型题】

1. 关于附睾的叙述下列哪项是正确的
   A. 是男性生殖腺
   B. 是实质性器官
   C. 参与精索的组成
   D. 表面覆有睾丸鞘膜的脏层
   E. 附睾上端续接输精管

2. 关于输精管的叙述下列哪项是**错误**的（2009 年北京大学医学部 8 年制）
   A. 为一肌性管道
   B. 是构成精索的主要成分
   C. 末端膨大紧贴膀胱底恰在精囊内侧
   D. 管腔较细，管壁较薄
   E. 起于附睾尾

3. 输精管结扎术常在其何部进行
   A. 睾丸部
   B. 精索部
   C. 腹股沟管部
   D. 盆部
   E. 壶腹部

4. 射精管开口于尿道的
   A. 前列腺部
   B. 膜部
   C. 尿道球部
   D. 海绵体部
   E. 舟状窝

5. 关于精囊的叙述，下列哪项是正确的
   A. 有贮存精子的作用
   B. 位于前列腺的后方
   C. 位于输精管壶腹的外侧
   D. 排泄管直接开口于尿道
   E. 为一成对的囊状器官，表面平整

6. 关于前列腺的叙述下列哪项是**错误**的
   A. 为一实质性器官
   B. 一般可分为五叶
   C. 老年人腺组织逐渐萎缩
   D. 前列腺腺组织增生可致前列腺肥大
   E. 后面有前列腺沟

7. 关于阴茎的叙述，下列哪项是正确的
   A. 为一肌性器官
   B. 由三个阴茎海绵体构成
   C. 阴茎体位置固定
   D. 三个海绵体外面共同包以阴茎筋膜和皮肤
   E. 分为阴茎头和阴茎体两部分

8. 关于阴茎海绵体的叙述下列哪项是**错误**的
   A. 位于阴茎的背侧
   B. 前端膨大为阴茎头
   C. 后端形成阴茎脚
   D. 阴茎脚附着于耻骨下支和坐骨支
   E. 其腹侧有尿道海绵体

9. 对男性尿道的叙述下列哪项是正确的
   A. 可分为前列腺部、膜部、球部和海绵体部
   B. 临床上把其前列腺部称为前尿道
   C. 全长共有两处狭窄，分别位于尿道内口和外口
   D. 其耻骨下弯是固定、不能改变的
   E. 尿道球内的尿道扩大，称尿道舟状窝

【B 型题】

(1～2 题共用备选答案)
   A. 尿道球部
   B. 海绵体部
   C. 前列腺部
   D. 膜部
   E. 精索部

1. 男性尿道各部中位置最固定的是
2. 尿道球腺开口于

(3～4 题共用备选答案)
   A. 尿道海绵体
   B. 尿道球

C. 附睾
D. 睾丸
E. 精囊
3. 属男性附属腺体的是
4. 能暂时贮存精子的是

(5~8题共用备选答案)
A. 前列腺
B. 尿道球腺
C. 精囊
D. 前庭大腺
E. 尿道球

5. 排泄管与输精管合并的是
6. 有后尿道穿行其中的是
7. 排泄管开口于前尿道的是

【X型题】

1. 属于男性生殖附属腺体的是
   A. 前列腺
   B. 尿道球腺
   C. 附睾
   D. 睾丸
   E. 精囊

四、问答题

1. 简述前列腺的位置和毗邻（2007年北京大学医学部8年制）。
2. 男性尿道的分部、狭窄和弯曲。
3. 简述精子的产生部位和精液的组成。

选择题参考答案

A型题：
1. D   2. D   3. B   4. A   5. C   6. C   7. D   8. B   9. D

B型题：
1. D   2. A   3. E   4. C   5. C   6. A   7. B

X型题：
1. ABE

第九章 女性生殖系统

1. **卵巢**：是产生卵子，分泌女性激素（雌激素、孕激素）的部位。位于小骨盆侧壁、髂总动脉的分叉处，包被于子宫阔韧带的后层内。
2. **卵巢的固定装置**：卵巢悬韧带（骨盆漏斗韧带）、卵巢固有韧带（卵巢子宫索）。
3. **输卵管**：
   (1) 四部：子宫部、输卵管峡（结扎）、输卵管壶腹（受精）、输卵管漏斗。
   (2) 两口：输卵管子宫口、腹腔口（输卵管伞）。
   (3) 子宫附件：卵巢、输卵管。
4. **子宫**
   (1) **子宫的分部**：子宫底、子宫体、子宫峡、子宫颈（阴道上部、阴道部）。
   子宫内的腔隙：子宫腔与子宫颈管。
   (2) 子宫的正常位置：小骨盆中央，膀胱和直肠之间，"前倾前屈"位。
   (3) **子宫的固定装置**：子宫阔韧带、子宫圆韧带、子宫主韧带、子宫骶韧带；盆底肌和阴道等的承托。

	性　质	位　置	作　用
子宫阔韧带	腹膜结构	由子宫侧缘伸展达骨盆侧壁	可限制子宫向两侧移位
子宫圆韧带	平滑肌和结缔组织	起自子宫前面的两侧、输卵管子宫口的下方，沿骨盆侧壁行向前上，通过腹股沟管，止于阴阜和大阴唇皮下	维持子宫前倾位
子宫主韧带（子宫颈旁组织）	平滑肌和结缔组织	从子宫颈两侧缘延至骨盆侧壁	保持子宫位置不致向下脱垂
子宫骶韧带	平滑肌和结缔组织	起自子宫颈上部的后外面，向后绕过直肠的两侧，止于第2、3骶椎前面。韧带表面有腹膜覆盖形成的弧形皱襞	此韧带牵引子宫颈向后上，维持子宫的前倾前屈位置

5. **阴道**：阴道穹（阴道后穹）。

　　子宫和阴道的畸形：
　　较常见者有双角子宫、双子宫或双阴道，也可出现阴道闭锁等情况。
　　人胚第6周，中肾头端外侧的上皮增殖，出现一纵沟，渐向尾侧延伸，闭合形成苗勒管。但沟的头端始终开放，通腹膜腔，将来形成输卵管的漏斗部。发育中，左、右苗勒管的下端在中线愈合。此时的苗勒管可分3段：头段纵行形成输卵管；中段横行形成子宫底和子宫体；尾段纵行与对侧合并形成子宫颈和阴道上部。男性的苗勒管在胚胎第3月退化。如苗勒管发育不正常，即未正常合并，可出现双子宫、双阴道或双角子宫畸形。

阴道在胎儿由于上皮增殖，充满内腔而闭塞，至胚胎第5月上皮吸收而成管状。如出生后仍闭锁即成阴道闭锁畸形。

6. **乳房**：乳房小叶、乳房悬韧带（Cooper韧带）。

成人女性乳房的大部分位于胸大肌和胸肌筋膜表面的浅筋膜内，上达第2肋，下达第6肋，内侧至胸骨侧缘，外侧近腋中线。乳头平对第4肋间隙或第5肋。

乳房悬韧带：为连于乳房皮肤和胸肌筋膜之间的结缔组织纤维束，对乳腺起支持和固定的作用。乳腺癌早期，因乳房悬韧带受侵，纤维组织增生，韧带缩短，使局部皮肤产生一些凹陷。癌晚期，肿瘤压迫或侵及皮肤毛细淋巴管，淋巴回流受阻而淤积，皮肤水肿，高出毛囊小凹，使皮肤呈"橘皮样"。为乳腺癌的一种特殊体征。

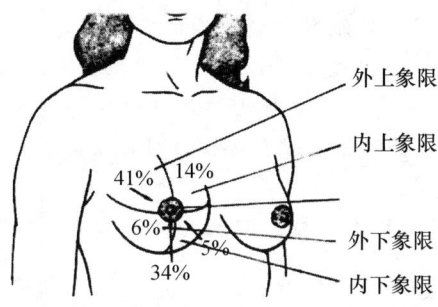

临床上为便于体检，常常以乳头为中心做垂直线和水平线，围绕乳晕，外做环形线，将乳房分为五个区：内上象限、内下象限、外上象限、外下象限和乳头区（图示乳房的分区及各区乳腺癌的发病率）。检查乳房时，即按以上顺序进行，以免遗漏。

乳房的淋巴回流：

①乳房外侧部的淋巴管沿胸大肌下缘注入腋淋巴结的胸肌淋巴结，这是乳房淋巴回流的主要途径；

②乳房内侧部的淋巴管注入沿胸廓内血管排列的胸骨旁淋巴结；

③乳房上部的部分淋巴管可穿胸大肌，注入腋淋巴结的尖淋巴结；

④乳房下部的淋巴管可穿腹前壁至膈上淋巴结（前组），从而间接与膈和肝上面的淋巴管相联系；

⑤两侧乳房的浅淋巴管有广泛吻合。

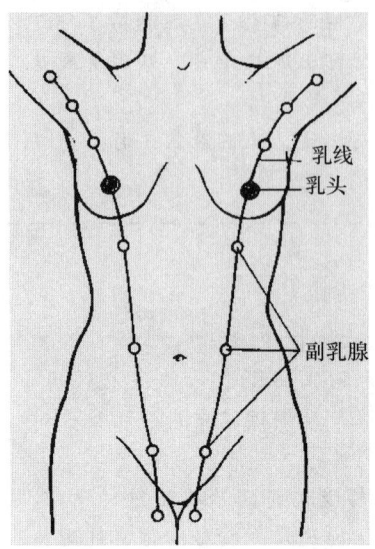

副乳腺（accessory nipples）：

不论男性和女性，最常见的乳房异常为副乳腺（图）。副乳腺大致有三类：乳头和腺体均有的；仅有乳腺体和仅有乳头的，但体积较正常乳房小，可单发也可多发，绝大多数出现在从腋窝到腹股沟的乳线上，但也可出现在乳线以外的部位，如耳、面、上肢等处，称异位副乳腺，而这种异位的副乳腺又常常与痣相互混淆。另外，副乳腺是绝少发育的，但在妊娠期和哺乳期，副乳腺也可能会肿胀，长有乳头的副乳腺偶尔也会有分泌活动。

副乳腺也可能发生良性和恶性肿瘤，其特征与正常乳房的肿瘤也相似。

7. 会阴

（1）狭义会阴：临床上将肛门与外生殖器之间的软组织称为会阴。

（2）广义会阴：指封闭小骨盆下口的所有软组织。通常以两侧坐骨结节的连线将会阴分成前方的尿生殖三角和后方的肛门三角。

（3）肛门三角肌和盆膈、**尿生殖三角肌和尿生殖膈**。

（4）坐骨直肠窝。

"前膀胱、后直肠、子宫坐在八抬大轿上"：记忆子宫的位置和固定装置（左、右侧的子宫阔韧带、子宫圆韧带、子宫主韧带、子宫骶韧带）。

第九章 女性生殖系统

> **轻松链接**

人体生前 300 天：

每天人类有 1 亿次以上的性交，产生 91 万名胎儿，约 40 万名得以出世。

成年女性一生中仅有 30 天可能会受孕。排卵一般在女性一个月经周期的第 14 天，偶尔会排出多于一个的卵子。双胎的发生率 1∶89，三胎 1∶89^2，八胎 1∶89^8（≈39 亿）。

成年男性一次可射出精子数亿个，其中的一半死于阴道的酸性分泌物，约有 300 个精子在 2 小时内穿越了相当于自身长度 5 万～10 万倍的路途，到达输卵管壶腹，最后可能仅有 1 个精子穿透卵子的放射冠和透明带。受精卵形成，生命开始。

受精后	胎儿大小	胎儿体重	其他特征
第 1 天			受精卵 2 次分裂，产生 4 个细胞
第 3 天			桑椹胚，12～16 个细胞
第 4 天			受精卵入子宫（宫外孕），100 个细胞，形成胚泡
第 5 天			着床/植入
第 7 天			1000 个细胞
第 2 周	0.4mm		二胚层胚盘形成，绒毛膜形成
第 3 周	1.5mm		原沟、脊索、神经板、神经褶出现；末期，三胚层胚盘，形成原消化管；生心板、心管形成（18～19 天）
第 4 周	5mm		脐带、胎盘形成；神经管形成；鳃弓出现，眼鼻耳始基；口咽膜破裂，消化管、肝胆胰发生；喉、气管及肺芽发生；出现生肾基和尿生殖基
第 5 周	8mm		肢体屈向腹侧，肢芽；后肾形成；生殖结节；心脏完成分隔
第 6 周	12mm		视网膜出现色素
第 7 周	20mm		手指脚趾分离，颜面形成，乳腺嵴形成；睾丸发生
第 8 周	35mm		手指脚趾分节，内生殖器形成，外阴可见，但性别不分，尿生殖膜和肛膜破裂
第 9 周	50mm	8g	眼睑闭合，指纹，心跳 150 次/分；中耳发生
第 10 周	61mm	14g	指甲生长；卵巢发生
第 12 周	87mm	45g	外生殖器分化可辨
第 14 周	120mm	110g	口腔发育完毕（唇腭裂）
第 18 周	160mm	320g	胎脂
第 28 周	350mm	1000g	胎毛，眼皮睁开
第 30 周	410mm	1700g	睁眼，头发，睾丸开始下降至阴囊（隐睾症）
第 36 周	450mm	2500g	胎儿成型，可存活
第 37 周	500mm	3000g	肺发育成熟，可分娩
第 38 周		3400g	睾丸降至阴囊或腹股沟管，足月，进入预产期

第九章 女性生殖系统

病例 8：

女，26 岁，下腹部中度疼痛 4 天，因突然右下腹刀割样剧烈疼痛，同时伴有恶心、呕吐、出汗、肛门坠胀、阴道少量流血急诊入院。患者主诉停经 8 周，尿妊娠试验阳性，疲劳、头晕。入院查体：患者面色苍白，脉搏细弱。右下腹有压痛，腹肌轻微紧张。阴道后穹窿饱满有触痛，宫颈摇摆痛明显，子宫稍大而软。B 超检查：输卵管壶腹异位妊娠破裂出血。阴道后穹窿穿刺抽出放置后不凝的血液。遂急诊行腹腔镜手术，清除壶腹处的妊娠物，缝合输卵管。

思考：异位妊娠的发生部位及出血原因。

如何看待"试管婴儿"、"克隆人/器官"？

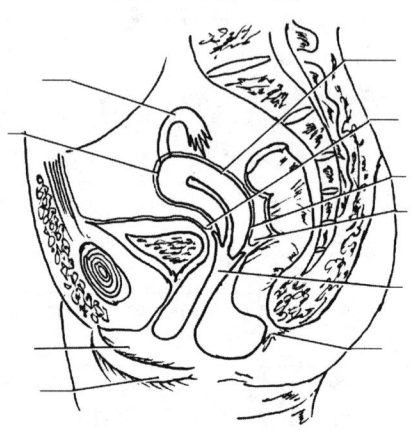

女性盆腔正中矢状切面

一、名词解释

1. 子宫峡
2. 子宫系膜
3. 阴道穹
4. 乳房悬韧带
5. 会阴
6. 盆膈
7. 尿生殖膈

二、填空题

1. 卵巢位于_____，其上端借_____固定于盆壁；下端借_____连于子宫底两侧。
2. 输卵管全长由外侧向内侧分为_____、_____、_____和_____四部。输卵管有两口，其中外侧端有_____，与_____相通。
3. 子宫按形态可分为_____、_____和_____三部。临床上把_____和_____统称为子宫附件。
4. 子宫颈可分为上、下两部，分别称为_____和_____。
5. 在子宫的固定装置中，与子宫颈相连的韧带有_____和_____；通过腹股沟管的是_____。
6. 子宫阔韧带依其连接的部位可分为三部，其中连于_____与_____之间的为卵巢系膜，连于_____与_____之间的为输卵管系膜。
7. 阴道穹可分为_____、_____和_____部，其中以_____最深。
8. 尿生殖三角的境界：前为_____；后为_____；两侧为_____和_____。

三、选择题

【A 型题】

1. 关于女性生殖器的叙述，下列哪项是正确的
   A. 卵子在子宫内受精
   B. 前庭球是女性生殖器的附属腺体
   C. 女性生殖管道就是指输卵管
   D. 女阴就是指阴道前庭
   E. 乳腺不是女性生殖附属腺体
2. 卵巢位于
   A. 髂总动脉末端的前方
   B. 髂外动脉与输尿管之间
   C. 髂内、外动脉起始处所形成的夹角内
   D. 髂外动脉起始段的外侧
   E. 髂内动脉与输尿管之间
3. 有关卵巢的叙述，下列哪项是**错误**的
   A. 是女性生殖腺，可产生卵子并分泌女性激素
   B. 卵巢固有韧带内含有卵巢动、静脉
   C. 被包于子宫阔韧带后层内
   D. 呈内、外侧扁的卵圆形
   E. 后缘游离
4. 输卵管结扎术常在其何部进行
   A. 输卵管漏斗
   B. 输卵管子宫部
   C. 输卵管壶腹
   D. 输卵管峡
   E. 输卵管伞
5. 有关输卵管的叙述下列哪项是正确的
   A. 位于子宫系膜内
   B. 其内侧端为子宫口，外侧端为卵巢口
   C. 峡部位于壶腹部的外侧
   D. 壶腹部边缘有输卵管伞
   E. 卵子通常在壶腹部受精
6. 能防止子宫向下脱垂的结构是
   A. 子宫阔韧带
   B. 子宫圆韧带
   C. 子宫主韧带
   D. 子宫骶韧带
   E. 子宫系膜
7. **不**位于子宫阔韧带内的结构是
   A. 卵巢固有韧带
   B. 卵巢悬韧带
   C. 子宫圆韧带
   D. 子宫血管
   E. 卵巢
8. 关于子宫圆韧带的叙述正确的是
   A. 起于子宫底两侧输卵管子宫口上方
   B. 止于腹股沟管
   C. 由平滑肌和结缔组织构成
   D. 可限制子宫向两侧移动

E. 内含子宫的血管、神经等
9. 对女性外生殖器的叙述**错误**的是
   A. 女性外生殖器也即女阴
   B. 阴道前庭为两侧大阴唇之间的裂隙
   C. 阴道前庭前部有尿道开口
   D. 阴道前庭后部有阴道开口
   E. 阴道口有处女膜

B. 卵巢悬韧带
C. 卵巢固有韧带
D. 子宫主韧带
E. 子宫骶韧带

5. 可限制子宫向两侧移动的是
6. 绕过直肠两侧的是
7. 可作为寻找卵巢血管的标志的是

【B 型题】

(1~2 题共用备选答案)
A. 输卵管
B. 子宫
C. 子宫主韧带
D. 阴道
E. 子宫颈

1. 包绕子宫颈下部的是
2. 属子宫附件的是

(3~5 题共用备选答案)
A. 输卵管漏斗
B. 输卵管伞
C. 输卵管壶腹
D. 输卵管峡
E. 输卵管子宫部

3. 卵子通常在何处受精
4. 手术中辨认输卵管的标志是

(5~7 题共用备选答案)
A. 子宫阔韧带

【X 型题】

1. 子宫的固定结构有
   A. 子宫阔韧带
   B. 盆底肌
   C. 子宫圆韧带
   D. 子宫主韧带
   E. 子宫骶韧带
2. 有 3 个生理性狭窄的器官是
   A. 子宫
   B. 输卵管
   C. 食管
   D. 男性尿道
   E. 输尿管
3. 参与组成尿生殖膈的肌有（2004 年研究生）
   A. 球海绵体肌
   B. 坐骨海绵体肌
   C. 会阴深横肌
   D. 尿道膜部括约肌
   E. 肛门外括约肌

四、问答题

1. 子宫的位置及毗邻，子宫正常姿势是什么？维持这种姿势主要靠哪些韧带？说明这些韧带的构成、位置和具体作用。（2006 年北京大学医学部 8 年制）
2. 卵巢的固定装置有哪些？

选择题参考答案

A 型题：
1. E   2. C   3. B   4. D   5. E   6. C   7. B   8. C   9. B

B 型题：
1. D   2. A   3. C   4. B   5. A   6. E   7. B

X 型题：
1. ABCDE   2. CDE   3. CD

第十章 腹 膜

壁腹膜、脏腹膜、腹膜腔

1. 腹膜与腹、盆腔脏器的关系：腹膜内位、间位、外位器官。
2. 腹膜形成的结构：
（1）网膜：
①大网膜：胃结肠韧带
②小网膜：肝胃韧带、肝十二指肠韧带（肝固有动脉、肝门静脉、胆总管）
③网膜囊
（2）系膜：小肠系膜、阑尾系膜（阑尾动脉）、横结肠系膜、乙状结肠系膜
☆☆**小肠系膜根**：肠系膜附着于腹后壁的部分。
（3）韧带：
①**肝的韧带**：镰状韧带、冠状韧带、左右三角韧带、肝圆韧带、静脉韧带、肝胃韧带、肝十二指肠韧带等
②**脾的韧带**：胃脾韧带、脾肾韧带、脾结肠韧带、脾膈韧带
（4）盆腔内的腹膜陷凹：
男性：**直肠膀胱陷凹**
女性：膀胱子宫陷凹、**直肠子宫陷凹**（腹膜腔的最低点）
（5）腹膜腔的分区：
腹膜腔以大网膜、横结肠和横结肠系膜为界，区分为**结肠上区**和**结肠下区**。
结肠上区又称**膈下间隙**，可由肝区分为**肝上间隙**和**肝下间隙**。
结肠下区被小肠系膜进一步区分为左肠系膜窦和**右肠系膜窦**，左肠系膜窦向下与盆腔相通连。
（6）膈下间隙的分区：

右膈下腹膜外间隙	右肝上间隙	镰状韧带	左肝上间隙	左肝上后间隙	左膈下腹膜外间隙
				左三角韧带	
				左肝上前间隙	
	肝				
	右肝下间隙（肝肾隐窝）	肝圆韧带	左肝下间隙	左肝下后间隙（网膜囊）	
				小网膜和胃	
				左肝下前间隙	

1) 左肝上间隙：被左三角韧带有效地分成左肝上前间隙和左肝上后间隙。
2) 左肝下间隙：被小网膜和肾有效地分成左肝下前间隙和左肝下后间隙（即网膜囊）。
3) 膈下间隙也可分成右侧较大的肝周间隙（见上）和左侧较小的脾周间隙。

4）脾周间隙：包括胃脾隐窝、脾肾隐窝、网膜囊脾隐窝和脾结肠隐窝。

PERITONITIS（腹膜炎）

Peritonitis is an acute inflammation of the serous membrane lining the abdominal cavity and covering the abdominal viscera (peritoneum). One possible cause is contamination of the peritoneum by pathogenic bacteria from the external environment. This contamination could result from accidental or surgical wounds in the abdominal wall or from perforation or rupture of organs with consequent exposure to the outside environment. Another possible cause is perforation of the walls of organs that contain bacteria or chemicals beneficial to the organ but toxic to the peritoneum.

轻松链接

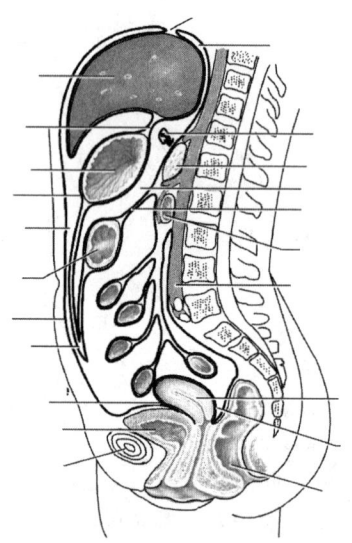

腹膜配布模式图

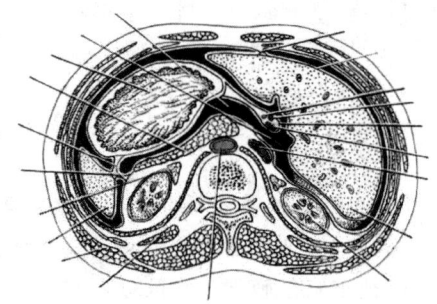

腹腔横断面(经网膜孔，T_{12})

一、名词解释

1. 网膜囊
2. 肠系膜根
3. 直肠子宫陷凹

第十章 腹 膜

二、填空题

1．女性腹膜腔借_____口，经_____、_____、_____与体外相通。
2．小网膜为由肝门_____连至_____的双层腹膜结构，它包括左侧部的_____和右侧部的_____。
3．肝十二指肠韧带内包有 3 个重要结构，即位于右前方的_____、左前方的_____以及上述两者之后的_____。
4．大网膜为连于_____和_____之间的 4 层腹膜结构。
5．网膜孔位于_____的后方，它是_____与_____的唯一通道，网膜孔的后界是_____。
6．与脾相连的韧带有_____、_____、_____和_____。
7．下腹壁内面腹股沟内侧窝与腹股沟管的_____位置相对；腹股沟外侧窝与腹股沟管的_____位置相对。

三、选择题

【A 型题】

1．关于腹膜的叙述，下列哪项是正确的
  A．腹膜腔又称腹腔
  B．胃、脾、空肠和回肠都位于腹膜腔内，肾和胰位于腹膜腔外
  C．脏腹膜构成某些器官的外膜
  D．壁腹膜实为腹、盆壁最深面的一层筋膜
  E．男、女性腹膜腔均为密闭的腔隙
2．下面哪项所列器官都**不是**腹膜内位器官
  A．肾、肾上腺、乙状结肠、直肠
  B．直肠、盲肠、阑尾、输尿管
  C．肾、胰、脾、输卵管
  D．肝、胆囊、膀胱、子宫
  E．子宫、输卵管、卵巢、阴道
3．属腹膜间位器官的是
  A．肾
  B．输尿管
  C．膀胱
  D．前列腺
  E．精囊腺
4．关于小肠系膜的叙述，正确的是
  A．是将空、回肠固定于腹后壁的双层腹膜结构
  B．系膜根附着自第 1 腰椎右侧起，至右骶髂关节的前方
  C．内有肠系膜下血管
  D．与乙状结肠系膜相延续
  E．最下部移行为阑尾系膜
5．腹膜形成的结构是
  A．子宫阔韧带
  B．子宫圆韧带
  C．子宫主韧带
  D．子宫骶韧带
  E．卵巢固有韧带
6．女性腹膜腔的最低部位在
  A．直肠膀胱陷凹
  B．膀胱子宫陷凹
  C．直肠子宫陷凹
  D．阴道前穹
  E．阴道后穹

【B 型题】

(1～3 题共用备选答案)
  A．肝十二指肠韧带
  B．胃结肠韧带
  C．三角韧带
  D．镰状韧带
  E．静脉韧带

1．属大网膜一部分的是
2．属小网膜一部分的是
3．与腹前壁相连的是

(4～6题共用备选答案)
A. 腹股沟外侧窝
B. 腹股沟内侧窝
C. 肝肾隐窝
D. 直肠子宫陷凹
E. 盲肠后隐窝

4. 仰卧位时腹膜腔的最低部位是
5. 与腹股沟管腹环位置相对的是
6. 与阴道后穹窿相邻的是

A. 左肾
B. 左肾上腺
C. 横结肠
D. 胰
E. 脾

3. 属于腹膜间位的器官有
A. 肝
B. 胆囊
C. 胰
D. 前列腺
E. 子宫

【X 型题】

1. 网膜囊左侧界的韧带是
A. 胃膈韧带
B. 胃结肠韧带
C. 胃脾韧带
D. 脾肾韧带
E. 脾结肠韧带

2. 与网膜囊后壁相邻的器官是

4. 参与围成网膜孔的结构有
A. 肝十二指肠韧带
B. 肝尾叶
C. 十二指肠上部
D. 下腔静脉
E. 胃结肠韧带

四、问答题

1. 与胃相连的韧带有哪些？分别写出它们的位置和内含结构。
2. 简述网膜囊的位置及各壁的构成。（2005 级北京大学医学部 8 年制）
3. 简述肝周围的腹膜间隙。

选择题参考答案

A 型题：
1. C 2. D 3. C 4. A 5. A 6. C

B 型题：
1. B 2. A 3. D 4. C 5. B 6. A

X 型题：
1. CD   2. ABCD 3. ABE   4. ABCD

脉管系统

第十一章 心血管系统

第一节 总 论

循环（脉管）系统是由**心血管系统**和**淋巴系统**两部分组成。

心血管系统概述

1. 心血管系统的组成：
（1）**心**：是血液循环的动力器官。
（2）**动脉**：为输送血液出心室的管道，分大、中、小、微动脉。
（3）**静脉**：为输送血液回心房的管道，分微、小、中、大静脉。管壁薄，管腔大，数量多。
（4）**毛细血管**：为物质交换的场所，连于动、静脉之间，管壁仅由单层内皮细胞围成。
2. 血液循环：
（1）**体循环（大循环）**：左心室──→主动脉──→各级动脉──→毛细血管──→各级静脉──→上、下腔静脉──→右心房
（2）**肺循环（小循环）**：右心室──→肺动脉干──→各级肺动脉──→肺内毛细血管──→各级肺静脉──→肺静脉──→左心房
3. 血管的吻合
☆☆侧支循环：侧副循环

第二节 心

1. 心的位置：中纵隔内；2/3 在左侧，1/3 在右侧；心包裸区。
2. 心的外形：为一尖朝左下方的圆锥体，有"一尖、一底、两面、三沟"。
3. **心的各腔**
（1）右心房：右心耳，梳状肌，房间隔，**卵圆窝**，上、下腔静脉口，**冠状窦口**。
（2）右心室：右房室口、三尖瓣、**室上嵴**、肺动脉圆锥、肺动脉口、肺动脉瓣；肉柱、**隔缘肉柱**、乳头肌、腱索。
（3）左心房：左心耳、肺静脉口。
（4）左心室：左房室口、二尖瓣、主动脉前庭、主动脉口、主动脉瓣、主动脉窦。
☆☆**心腔内防止血液逆流的装置**：瓣膜、乳头肌-腱索、心传导系。
4. 心的构造：
（1）心壁由心内膜、心肌层、心外膜组成。

(2) **心骨骼**：**纤维环**、**左纤维三角**、**右纤维三角**（中心纤维体）。

(3) **房间隔**与**室间隔**：室间隔的肌部、**膜部**、**房室间隔**（室间隔房室部）。

5．**心包**：由纤维性心包和浆膜性心包构成，浆膜性心包又分脏层、壁层，脏、壁两层心包相互移行，形成心包腔。

(1) **心包横窦**：心包腔在升主动脉、肺动脉干后方与上腔静脉、左心房前壁前方之间的间隙。

(2) **心包斜窦**：心包腔在其后壁与左心房、左右肺静脉、下腔静脉之间的间隙。

6．**心的传导系统**：窦房结、房室结、房室束、左右束支、浦肯野纤维。

窦房结（起搏点）──→**结间束（心房肌收缩）**──→**房室结**──→**房室束**──→**左、右脚（束支）**──→**浦肯野纤维网（心室肌收缩）**

7．**心的血管**

(1) **动脉**：左、右冠状动脉的分支、分布。

1) **左冠状动脉的分布**：左心房，左心室前壁及右心室前壁一部分（前降支），室间隔前2/3（前室间支），左心室侧壁及后壁一部分，窦房结、房室束等。

2) **右冠状动脉的分布**：右心房、右心室、室间隔后1/3（后室间支）、左心室后壁（左室后支）、窦房结（窦房结支）、房室结（房室结支）等。

3) 心膈面上左、右冠状动脉的分布有**三种类型**：右优势型（71.35%）、均衡型、左优势型。

(2) **静脉**：**冠状窦**，心大、心中、心小静脉等。

> **心的静脉**：
>
> 心的静脉包括冠状窦及其属支（心大静脉、心中静脉、心小静脉、左室后静脉和左房斜静脉）、心前静脉系和心最小静脉（即 Thebesian 静脉）。
>
> 左室后静脉：起于左心室的膈面，收受左心室后壁及部分侧壁和心尖区静脉血。上行直接注入冠状窦的左端或开口于心大静脉。
>
> 左房斜静脉：起于左房后面的小静脉，斜行向下，终于冠状窦的左端。收受左房后壁的静脉血。
>
> 心前静脉：起于右心室前面，包括右室前静脉、锐缘静脉及圆锥静脉。汇聚成1~3支较大的静脉干，斜向右上越过冠状沟前方，注入右心房。干的终末部多数扩张成"右房冠状窦"，位于右房前壁基底，有的延伸开口于右心耳梳状肌之间，肌束收缩能阻止血液回流，起局部瓣的作用。心前静脉收受右心室前壁及心锐缘部静脉血。

轻松链接

(3) **冠脉循环**：左心室──→升主动脉──→主动脉左、右窦──→左、右冠状动脉──→各级动脉分支──→心肌毛细血管──→各级静脉──→心大、中、小静脉──→冠状窦──→右心房

> 1．"**一尖、一底、两面、三沟**"：指心的外形包括心尖，心底，胸肋面和膈面，前室间沟、后室间沟和冠状沟。
>
> 2．"**左肺两叶、右肺三，心脏多半在左边**"：指左肺有两叶，右肺有三叶，心的2/3在左侧。

轻松记忆

8. 心的体表投影：

(1) 左上点：左侧第 2 肋软骨的下缘，距胸骨左缘 1.2cm。

(2) 右上点：右侧第 3 肋软骨的上缘；距胸骨右缘 1.0cm。

(3) 左下点：左侧第 5 肋间，左锁骨中线内侧 1～2cm（心尖）。

病例 9：

男，40 岁，因争吵，被妻子用一把 6cm 的水果刀刺入左侧胸腔而急诊入院。来院时患者处于半昏迷状态，有明显的失血性休克表现，呼吸、脉搏细弱，血压低。伤口有少量出血，位于左侧胸骨旁第四肋间。入院 10 分钟后，患者出现昏迷，因抢救无效死亡。尸体解剖检查显示死亡原因为右心室外伤性破裂出血，心脏压塞。

思考： 何谓心脏压塞？试分析心脏压塞的危险性及其抢救措施。

病例 10：

男，58 岁，因在搬运重物 2 小时后出现胸闷、气短和心慌，随后出现阵发性的胸前区压榨性疼痛来院就诊。患者有 12 年高血压和 25 年的吸烟史。入院查体：心率 55 次/分，心律齐，一般情况尚可。血压略增高。心电图 V_1、V_2 导联显示：PR 间隙延长，ST 段抬高，弓背向上，与直立的 T 波连接。初步诊断：急性心肌梗死。给予保护心功能，改善心肌血液循环，处理并发症等治疗。

思考： 多角度分析心肌梗死的可能病因。

如何建立冠状动脉侧支循环？

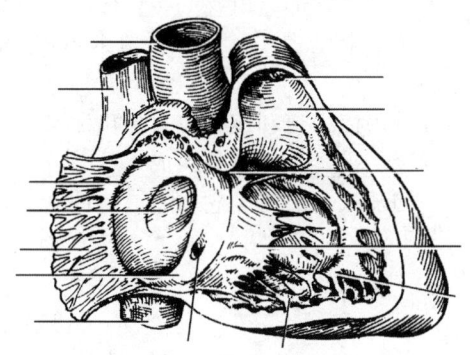

右心房及右心室

第十一章　心血管系统

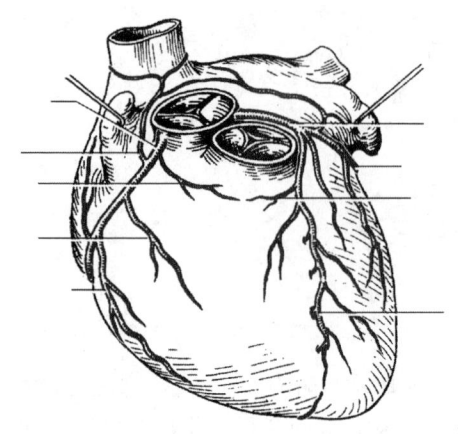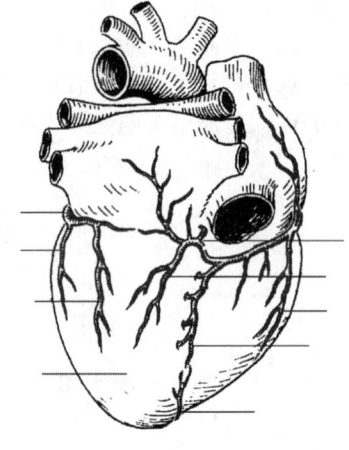

冠状动脉

轻松应试

一、名词解释

1. 侧支循环
2. 房室交点
3. 卵圆窝
4. 动脉圆锥

5. 室上嵴
6. Koch 三角
7. 三尖瓣复合体

二、填空题

1. 心底朝向_____方，大部分由_____构成，小部分由_____构成。
2. 心的后方与_____、_____和_____等相毗邻。
3. 心的前面也称_____面，大部分由_____和_____构成，小部分由_____构成。
4. 心的膈面（下面）约2/3由_____构成；1/3由_____构成。心的下缘由_____和_____构成。
5. 心的右缘由_____构成，左缘大部分由_____构成，小部分由_____构成。
6. 右心室流入道和流出道分界的标志是_____；流入道内面有纵横交错的_____，流出道内面光滑称为_____。
7. 左心室以_____为界分为流入道和流出道，流出道又称为_____。
8. 心室间隔由_____和_____两部分构成。
9. 心的静脉主要经_____回流入右心房，它在右心房的开口称_____。

三、选择题

【A 型题】

1. 关于心尖的说法哪一种是正确的
   A. 由左心室构成
   B. 心尖切迹位于心尖的左侧
   C. 由左、右心室构成
   D. 在剑突左侧可摸到其搏动
   E. 由右心室构成

2. 室间隔
   A. 右侧面有卵圆窝
   B. 上部为肌性结构，下部为膜性结构
   C. 室间隔缺损的常见部位是其肌部
   D. 其前、后缘与前、后室间沟位置相当
   E. 完全由左冠状动脉供应
3. 房室结
   A. 是心肌收缩的起搏点
   B. 多数由左冠状动脉分支供血
   C. 可分为肌部和膜部
   D. 此处最薄弱，是室间隔缺损的好发部位
   E. 由特殊的心肌细胞组成
4. 供应室间隔大部的动脉是冠状动脉的
   A. 右缘支
   B. 后室间支
   C. 前室间支
   D. 旋支
   E. 左室后支
5. 左冠状动脉前室间支
   A. 沿前室间沟下行，常终于心尖
   B. 分布于左心室前壁和侧壁
   C. 沿前室间沟下行，绕心尖分布于整个心膈面和室间隔
   D. 供血给左心室前壁、部分右心室前壁和室间隔前2/3部
   E. 多数发分支到房室结
6. 房室结（动脉）支
   A. 起于右冠状动脉近侧段
   B. 起于左冠状动脉近侧段
   C. 在房室交点处常由右冠状动脉发出
   D. 起于左冠状动脉前室间支
   E. 直接起于主动脉窦
7. 心的静脉
   A. 全部注入右心房
   B. 全部注入冠状窦
   C. 注入冠状窦和上腔静脉
   D. 注入冠状窦和各心腔
   E. 注入右心房和右心室
8. 心包横窦位于
   A. 心包腔前下部
   B. 主动脉弓和肺动脉干后方

   C. 下腔静脉与心包后壁之间
   D. 左、右肺静脉与心包后壁之间
   E. 升主动脉和肺动脉干的后方与上腔静脉和左心房的前壁之间

【B型题】

(1~2题共用备选答案)
   A. 冠状沟
   B. 前室间沟
   C. 后室间沟
   D. 界沟
   E. 后房间沟
1. 心中静脉走行于
2. 心大静脉走行于

(3~4题共用备选答案)
   A. 梳状肌
   B. 隔缘肉柱（节制索）
   C. 前尖（瓣）
   D. 卵圆窝
   E. 主动脉窦
3. 心传导系统的右束支走行通过
4. 冠状动脉起自

(5~6题共用备选答案)
   A. 左纤维三角
   B. 右纤维三角
   C. 室间隔肌部
   D. 室间隔膜部
   E. 房间隔
5. 有房室束（His束）穿行的结构是
6. 含有Koch三角的部位是

(7~8题共用备选答案)
   A. 左冠状动脉旋支
   B. 左冠状动脉前室间支
   C. 右冠状动脉
   D. 右冠状动脉后室间支
   E. 右冠状动脉左室后支
7. 可引起左心室侧壁心肌梗死的动脉常是
8. 可引起左心室前壁心肌梗死常为哪个动脉或支闭塞所致

【X型题】

1. 窦房结
   A. 由特殊分化的心肌细胞构成
   B. 是心的正常起搏点
   C. 位于界沟下端的心外膜深面
   D. 供血动脉多数起自右冠状动脉
   E. 位于Koch三角顶部心内膜深面
2. 直接汇入冠状窦的静脉有
   A. 心大静脉
   B. 心中静脉
   C. 心小静脉
   D. 心前静脉
   E. 心最小静脉

四、问答题

1. 心房与心室及左、右心室表面分界的标志是什么？在这些标志处各有什么重要结构通行？
2. 心传导系统包括哪些结构？简述心传导系各部的动脉供应。
3. 心内有哪些瓣膜？各附于何处？这些瓣膜各有什么作用？
4. 简述左、右冠状动脉的起始、走行、主要分支和分布。

选择题参考答案

A型题：
1. A　2. D　3. E　4. C　5. D　6. C　7. D　8. E

B型题：
1. C　2. B　3. B　4. E　5. B　6. E　7. A　8. B

X型题：
1. ABD　2. ABC

第三节 动 脉

1. 动脉概述
(1) 大动脉：又称弹性动脉，如主动脉、肺动脉、颈总动脉、锁骨下动脉、椎动脉、髂总动脉、头臂干等。
(2) 中动脉：又称肌性动脉。
(3) 小动脉和微动脉：又称阻力动脉，管径小于300μm的小动脉为微动脉。
2. 肺循环的动脉：肺动脉干，左、右肺动脉。

> **轻松链接**
>
> 动脉韧带（lig. arteriosum）：为胎儿期动脉导管的遗迹，起于左、右肺动脉分叉处的上缘，向上后连于主动脉弓。此导管位于左膈神经（前）、左迷走神经（后）和肺动脉（下）所形成的三角内。左喉返神经也在此处自迷走神经分出，向下绕主动脉弓，再从其右后方上升。通常此导管在出生后不久即封闭，如仍保留，则形成动脉导管未闭畸形，需行手术结扎或切断后将两断端予以缝合。

3. 体循环的动脉
(1) **升主动脉**：左、右冠状动脉。
(2) **主动脉弓**：头臂干（右颈总动脉、右锁骨下动脉）、左颈总动脉、左锁骨下动脉。

颈总动脉 { 颈内动脉
　　　　　 颈外动脉 { 甲状腺上动脉、舌动脉、**面动脉**──内眦动脉
　　　　　　　　　　颞浅动脉
　　　　　　　　　　上颌动脉、**脑膜中动脉**、下牙槽动脉、眶下动脉

锁骨下动脉 { 椎动脉
　　　　　　 胸廓内动脉 { 肌膈动脉
　　　　　　　　　　　　 腹壁上动脉
　　　　　　 甲状颈干→甲状腺下动脉
　　　　　　 腋动脉 ── 肱动脉 { 肱深动脉
　　　　　　　　　　　　　　　 桡动脉 } 掌浅弓
　　　　　　　　　　　　　　　 尺动脉 } 掌深弓
　　　　　　　　　　　　 胸肩峰动脉
　　　　　　　　　　　　 胸外侧动脉
　　　　　　　　　　　　 肩胛下动脉
　　　　　　　　　　　　 旋肱前、后动脉

(3) **胸主动脉**：
壁支：肋间后动脉、肋下动脉。

脏支：支气管支、食管支、心包支。

（4）腹主动脉：

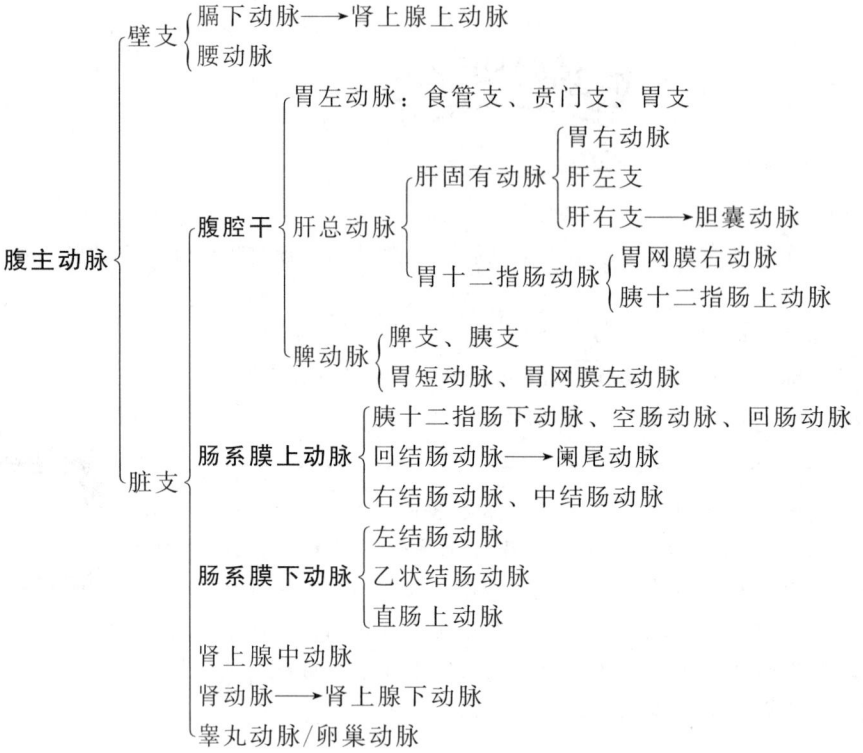

（5）髂总动脉：

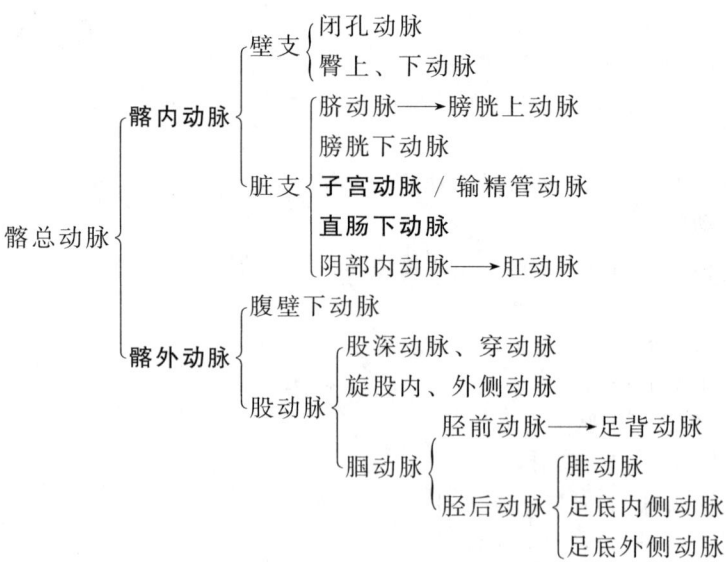

4. 人体主要脏器的动脉供血

（1）脑的动脉：来源于双侧**颈内动脉**和**椎动脉**。颈内动脉供应大脑半球的前 2/3 和间脑前部，椎动脉供应大脑半球后 1/3、间脑后部、小脑和脑干。

（2）甲状腺的动脉：包括起自**颈外动脉**的**甲状腺上动脉**，供应甲状腺两侧叶的上极；起自**甲状颈干**的**甲状腺下动脉**，主要供应甲状腺的下份；起自**头臂干**或**主动脉弓**的**甲状腺最下动脉**，其出现率约为 13%，供应甲状腺峡部。

（3）**心的动脉**：源自**升主动脉**左、右窦的**左、右冠状动脉**，有时还有一支起自主动脉右窦的细小的副冠状动脉，供应动脉圆锥。

（4）**肺的动脉**：根据其功能可分为两类：一类是发自**肺动脉干**的**左、右肺动脉**，至肺门后与支气管伴行入肺，是肺的功能血管，完成气体交换；另一类是发自**胸主动脉**的**支气管支**，是肺的营养血管。

（5）**肝的动脉**：发自**肝总动脉**的**肝固有动脉**，至肝门附近分为左、右两支，分别进入肝左、右叶。胆囊的动脉多发自**肝固有动脉**的右支，经胆囊三角分布到胆囊。

（6）**胃的动脉**：起自**腹腔干**的**胃左动脉**供应贲门及胃小弯处的胃壁；起自**肝固有动脉**或**肝总动脉**的**胃右动脉**，供应胃小弯处的胃壁；起自**胃十二指肠动脉**的**胃网膜右动脉**和起自**脾动脉**的**胃网膜左动脉**，供应胃大弯处的胃壁；起自**脾动脉**的**胃短动脉**，供应胃底的前、后壁；起自脾动脉的胃后动脉，供应胃体后壁上份偏小弯侧、贲门部后壁或胃底后壁，出现率约为72%；**左膈下动脉**也可供应胃底上部和贲门。胃左、右动脉间及胃网膜左、右动脉间存在动脉吻合。

（7）**肾上腺的动脉**：包括起自**膈下动脉**的**肾上腺上动脉**；起自**主动脉腹部**的**肾上腺中动脉**；起自**肾动脉**的**肾上腺下动脉**。

（8）**直肠的动脉**：包括起自**肠系膜下动脉**的**直肠上动脉**，供应直肠齿状线以上的部分；起自**髂内动脉**或**阴部内动脉**的**直肠下动脉**，分布于直肠下部；起自**阴部内动脉**的**肛动脉**，分布于肛管（齿状线以下）及肛门内、外括约肌。

（9）**膀胱的动脉**：包括起自**髂动脉**的**膀胱上动脉**，分布至膀胱尖和膀胱体的大部分；起自**髂内动脉**的**膀胱下动脉**，分布至膀胱底。

（10）**卵巢的动脉**：有起自**腹主动脉**的**卵巢动脉**和**子宫动脉**的**卵巢支**分布。

> **轻松链接**
>
> 能触及搏动的动脉及压迫止血的部位：
>
> | 出血部位 | 血管名称 | 压迫部位 |
> |---|---|---|
> | 头颈部 | 颈总动脉和颈动脉窦 | 在胸锁乳突肌前缘、环状软骨水平处，压向第6颈椎横突 |
> | 面部 | 面动脉 | 下颌骨下缘、咬肌前缘的交界处 |
> | 额、顶部头皮 | 颞浅动脉 | 外耳道前方、颧弓根部 |
> | 肩部 | 锁骨下动脉 | 锁骨下窝向下后方压至第一肋上 |
> | 臂、前臂 | 肱动脉 | 肱二头肌内侧沟的中部，压向肱骨 |
> | 手腕 | 桡动脉 | 桡骨下段前面，桡侧腕屈肌腱的桡侧 |
> | 手指 | 指掌侧固有动脉、拇主要动脉 | 手指两侧 |
> | 下肢 | 股动脉 | 腹股沟韧带中点下方，压向髂骨 |
> | 足趾 | 趾底固有动脉 | 足趾的两侧 |

☆☆**压力感受器**：主动脉弓与**颈动脉窦**（颈总动脉末端和颈内动脉起始处的膨大）。

☆☆**化学感受器**：主动脉小球、颈动脉小球。

☆☆**掌浅弓**：由尺动脉的终末支和桡动脉的掌浅支吻合而成。

☆☆**掌深弓**：由桡动脉的终末支和尺动脉的掌深支吻合而成。

第十一章 心血管系统

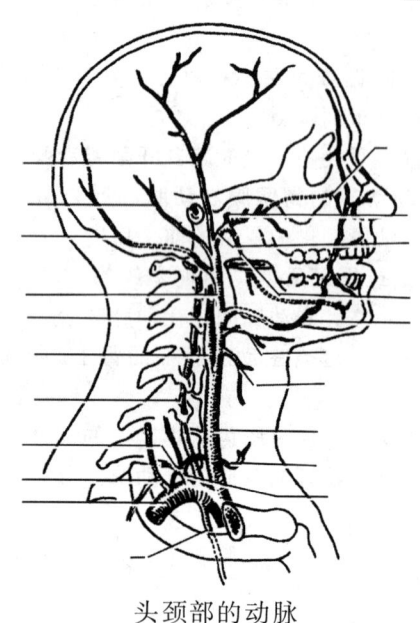

头颈部的动脉

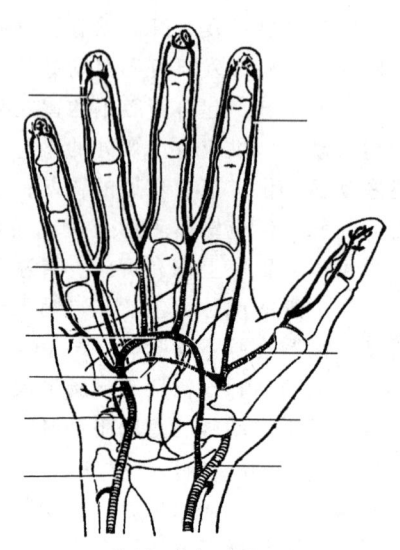

掌浅弓与掌深弓

一、名词解释

1. 动脉韧带
2. 头臂干
3. 颈动脉窦

二、填空题

1. 主动脉弓凸侧发出的 3 个分支从右向左依次是_____、_____和_____。
2. 供应甲状腺的动脉主要有_____和_____动脉；它们分别起自_____和_____动脉。
3. 脑膜中动脉发自_____动脉，向上穿_____孔进入颅腔，分布至硬脑膜，其_____支经过颅骨翼点的内面。
4. 面动脉起自_____动脉，向前经下颌下腺深面，在_____前缘处越下颌骨体下缘至面部。
5. 椎动脉起自_____动脉，向上穿_____，再经_____入颅腔。
6. 掌浅弓由_____和_____吻合而成；掌深弓由_____和_____吻合而成。
7. 腹腔干的分支有_____、_____和_____。
8. 供应横结肠的动脉主要是_____；供应阑尾的动脉起自_____。胆囊动脉多发自肝固有动脉的_____支。胰十二指肠上、下动脉分别发自_____和_____。

9. 子宫动脉发自_____，它在子宫颈外侧走行于输尿管的_____方。

10. 足背动脉是_____动脉的直接延续，经_____肌腱的_____侧前行。

三、选择题

【A 型题】

1. 有关肺循环的血管的说法哪一种是**错误**的
   A. 动脉起自右心室
   B. 左、右各有1个肺动脉干
   C. 左、右各有两条肺静脉
   D. 肺静脉开口于左心房
   E. 肺静脉内流动的是动脉血

2. 颈内动脉
   A. 左侧颈内动脉起自头臂干
   B. 营养脑和视器
   C. 经枕骨大孔入颅腔
   D. 右侧颈内动脉起自锁骨下动脉
   E. 包被于颈血管鞘内

3. 肱动脉在肘窝部的摸脉点在
   A. 肱桡肌内侧
   B. 肱桡肌外侧
   C. 肱二头肌腱外侧
   D. 肱二头肌腱内侧
   E. 喙肱肌内侧

4. 桡动脉在腕部的摸脉位置应在
   A. 桡侧腕屈肌腱与掌长肌腱之间
   B. 掌长肌腱内侧
   C. 拇长伸肌腱外侧
   D. 桡侧腕屈肌腱外侧
   E. 尺侧腕屈肌的外侧

5. 肠系膜下动脉起始部闭塞，可能出现血运障碍的部位是
   A. 十二指肠和胰
   B. 空肠和回肠
   C. 阑尾
   D. 升结肠和横结肠
   E. 降结肠和乙状结肠

6. 睾丸动脉起自
   A. 髂内动脉
   B. 髂外动脉
   C. 髂总动脉
   D. 腹主动脉
   E. 肾动脉

7. 分布到胃底的动脉是
   A. 脾动脉
   B. 胃短动脉
   C. 胃左动脉
   D. 胃右动脉
   E. 胃网膜右动脉

8. 阑尾动脉发自
   A. 肠系膜上动脉
   B. 肠系膜下动脉
   C. 右结肠动脉
   D. 回结肠动脉
   E. 左结肠动脉

9. 脾动脉的分支分布范围是
   A. 胃、肝、脾
   B. 胃、脾、胰
   C. 胰和脾
   D. 胃、十二指肠和脾
   E. 脾、胃底和左肾上腺

10. 在体表最易摸到股动脉搏动的位置是
    A. 腹股沟韧带中、外1/3交点下方
    B. 腹股沟韧带中、内1/3交点下方
    C. 腹股沟韧带中点下方
    D. 腹股沟韧带中点内侧
    E. 腹股沟韧带中点外侧

【B 型题】

(1~2题共用备选答案)
A. 甲状颈干
B. 颈总动脉
C. 颈外动脉
D. 颈内动脉
E. 锁骨下动脉

1. 甲状腺上动脉通常起自
2. 甲状腺下动脉通常起自

(3~4题共用备选答案)
A. 肱深动脉

B. 肱动脉
C. 桡动脉
D. 腋动脉
E. 锁骨下动脉

3. 走行于斜角肌间隙的是
4. 发出旋肱后动脉的是

(5～6题共用备选答案)
A. 肠系膜上动脉
B. 腹腔干
C. 肝总动脉
D. 胃十二指肠动脉
E. 脾动脉

5. 胰十二指肠上动脉起自
6. 胃网膜右动脉起自

(7～8题共用备选答案)
A. 阑尾
B. 脾
C. 直肠
D. 横结肠
E. 肛管

7. 由肠系膜上动脉直接发分支供应的器官是
8. 肠系膜下动脉和髂内动脉都发分支供应的器官是

(9～10题共用备选答案)
A. 髂外动脉
B. 股动脉
C. 股深动脉
D. 胫后动脉
E. 胫前动脉

9. 穿经收肌腱裂孔的是
10. 腹壁下动脉发自

【X型题】

1. 胰的动脉供应来自
   A. 肠系膜上动脉
   B. 脾动脉
   C. 胃网膜右动脉
   D. 胃十二指肠动脉
   E. 肠系膜下动脉
2. 腹腔干的第一级分支有
   A. 肠系膜上动脉
   B. 肝总动脉
   C. 胃右动脉
   D. 胃左动脉
   E. 脾动脉

四、问答题

1. 腹主动脉发出的不成对脏支有哪些？它们分别分布于何处？
2. 试述供应胃的动脉，并分别说明各动脉的起源和走行。
3. 直肠和肛管的动脉供应及其来源如何？
4. 列举5处体表可触摸动脉搏动的部位，明确说明触摸动脉的解剖位置。

选择题参考答案

A型题：
1. B 2. B 3. D 4. D 5. E 6. D 7. B 8. D 9. B 10. C

B型题：
1. C 2. A 3. E 4. D 5. D 6. D 7. D 8. C 9. B 10. A

X型题：
1. ABDE 2. BDE

第四节 静 脉

1. 概述（静脉特点）：
（1）静脉管壁薄、管腔大、数量多，其属支越合越粗；
（2）体循环静脉分深、浅两种。深静脉多与动脉伴行，浅静脉即皮下静脉；
（3）静脉间的吻合较丰富；
（4）一些静脉有静脉瓣。
2．肺循环的静脉
3．体循环的静脉
（1）上腔静脉系
1）头颈部的主要浅静脉：
内眦静脉——面静脉（"危险三角"）

颈内静脉

颞浅静脉
上颌静脉 ——下颌后静脉 前支
　　　　　　　　　　　　后支
　　　　　　　　　　　耳后静脉 ——颈外静脉——锁骨下静脉——头臂静脉——上腔静脉
　　　　　　　　　　　枕静脉

2）上肢的主要浅静脉：
手背静脉网的桡侧——头静脉——腋静脉——锁骨下静脉——头臂静脉——上腔静脉
手背静脉网的尺侧——贵要静脉——肱静脉

（2）下腔静脉系
1）下肢的主要浅静脉：
足背静脉弓内侧——**大隐静脉**——股静脉——髂外静脉

足背静脉弓外侧——小隐静脉

☆☆**大隐静脉**的5个属支：腹壁浅静脉、阴部外静脉、旋髂浅静脉、股外侧浅静脉、股内侧浅静脉。
☆☆睾丸静脉/卵巢静脉
2）**肝门静脉系**
①**肝门静脉属支**：肠系膜上静脉、脾静脉、肠系膜下静脉、胃左静脉、胃右静脉、胆囊静脉、附脐静脉。
②**肝门静脉与上、下腔静脉的吻合**：

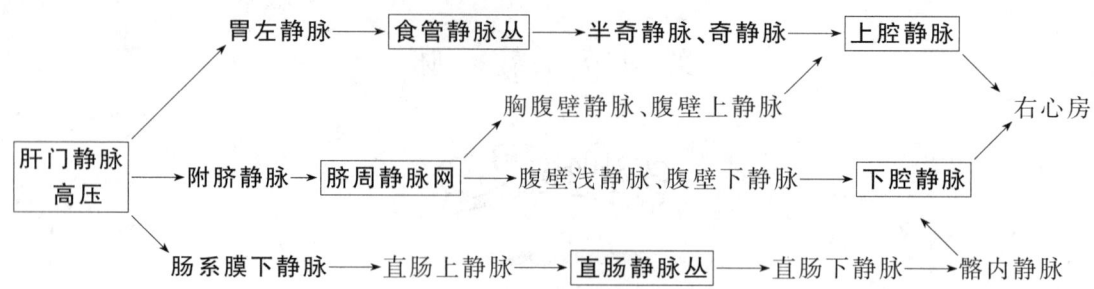

病例 11：

男，50 岁，因上腹部剧痛和吐血来医院就诊。患者有近 20 年的酗酒史；半年前曾因少量的上消化道出血而住院治疗，曾有血便排出，有时是黑便。入院查体：患者呕吐物为红色的血液，血压偏低，脉搏较快；患者消瘦、精神不振，皮肤和结膜轻度黄染，面色黝黑，眼睛略凹陷。在患者的面颊部、颈部、上肢和胸壁等处可见明显的"蜘蛛痣"。腹部大而膨隆，触诊提示为增大的肝和脾。脐周腹壁可见大量迂曲的静脉，呈放射状走行。B 超声检查：大结节性肝硬化合并中度脾肿大。胃镜下可见胃内积血，食管下段和胃底静脉曲张合并破裂出血。实验室检查：血浆白蛋白 25g/L（低蛋白血症）。诊断：肝硬化合并肝门静脉高压症、上消化道出血、脾肿大。

思考：静脉在肝硬化中的角色。如何应对静脉出血？

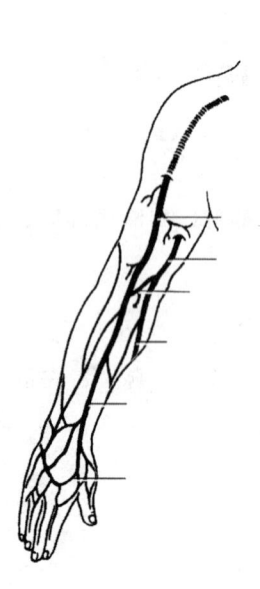

上肢的浅静脉

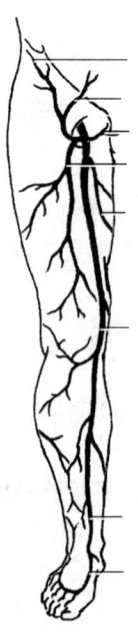

下肢的浅静脉

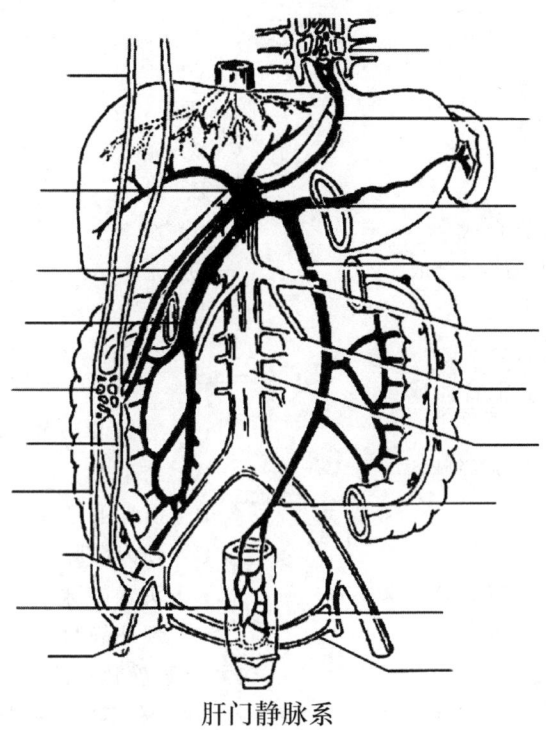

肝门静脉系

一、名词解释

1. 静脉瓣
2. 静脉角
3. 板障静脉
4. 翼静脉丛

二、填空题

1. 头臂静脉由_____与_____汇合而成，汇合处的夹角称为_____。
2. 上肢浅静脉最为恒定的长干有两个：沿上肢外侧上行的是_____，沿上肢内侧上行的是_____。
3. 奇静脉主要收受_____、_____、_____和_____静脉的血液。
4. 下腔静脉由_____与_____会合而成，最后注入_____。
5. 大隐静脉起自_____，经内踝的_____方上行，最后注入_____。
6. 小隐静脉起自_____，经外踝的_____方上行，最后注入_____。
7. 左睾丸静脉汇入_____静脉；右睾丸静脉汇入_____静脉；直肠上静脉汇入_____静脉。
8. 肝门静脉在_____后方由_____和_____汇合而成。
9. 肝门静脉走行于_____韧带内，沿_____和_____（管道）的后方上行至肝门。

三、选择题

【A 型题】

1. 上腔静脉
   A. 由头静脉与颈内静脉合成
   B. 由锁骨下静脉与颈内静脉合成
   C. 由头静脉与奇静脉合成
   D. 由左、右头臂静脉合成
   E. 由左、右锁骨下静脉汇合而成
2. 面静脉
   A. 在口角平面以上通常无静脉瓣
   B. 注入颈外静脉
   C. 直接与海绵窦相通
   D. 在下颌角下方与下颌后静脉后支汇合
   E. 主干走行在危险三角区内
3. 颈外静脉
   A. 由颞浅静脉与上颌静脉合成
   B. 与颈外动脉伴行
   C. 收纳颈外动脉供应区的静脉血
   D. 由下颌后静脉后支与耳后静脉和枕静脉汇合而成
   E. 注入颈总静脉
4. 走行在三角肌胸大肌间沟内的静脉是
   A. 贵要静脉
   B. 头静脉
   C. 锁骨下静脉
   D. 颈外静脉
   E. 肱静脉
5. 肝静脉
   A. 在肝门出肝
   B. 在肝门入肝
   C. 在腔静脉沟处出肝
   D. 在腔静脉沟处入肝
   E. 是肝门静脉的分支
6. 关于肝门静脉的说法哪一个是正确的
   A. 收集腹腔内全部不成对脏器的静脉血
   B. 收集腹腔内成对脏器的静脉血
   C. 多由肠系膜上、下静脉合成
   D. 多由肠系膜下静脉和脾静脉合成
   E. 多由肠系膜上静脉和脾静脉合成
7. 自大隐静脉脱落的栓子沿血流最后会栓塞于
   A. 心
   B. 肺
   C. 脑
   D. 肝
   E. 肾

【B 型题】

(1~2 题共用备选答案)
   A. 奇静脉
   B. 锁骨下静脉
   C. 颈内静脉
   D. 头臂静脉
   E. 颈外静脉
1. 上腔静脉在注入右心房之前有何静脉汇入
2. 左、右不成对的静脉是

(3~4 题共用备选答案)
   A. 肱静脉
   B. 腋静脉
   C. 头静脉
   D. 贵要静脉
   E. 肘正中静脉
3. 行程经肱二头肌内侧的深静脉是
4. 连接头静脉和贵要静脉的是

(5~7 题共用备选答案)
   A. 左睾丸静脉
   B. 肝静脉
   C. 奇静脉
   D. 肝门静脉
   E. 脾静脉
5. 直接注入下腔静脉的是
6. 注入左肾静脉的是
7. 沟通上、下腔静脉的是

(8~10 题共用备选答案)
   A. 食管静脉丛
   B. 翼静脉丛
   C. 直肠静脉丛
   D. 脐周静脉网

E. 头臂静脉
8. 连接肝门静脉系与下腔静脉系的是
9. 连接肝门静脉系与上、下腔静脉系的是
10. 与颅内海绵窦相交通的是

2. 肝门静脉与上、下腔静脉之间的吻合部位有
   A. 食管静脉丛
   B. 直肠静脉丛
   C. 椎内外静脉丛
   D. 脐周静脉网
   E. 膀胱静脉丛

【X型题】

1. 椎静脉丛
   A. 可分为椎内静脉丛和椎外静脉丛
   B. 椎外静脉丛位于硬膜外间隙内
   C. 与上腔静脉的属支有吻合
   D. 与下腔静脉的属支有吻合
   E. 经枕骨大孔与硬脑膜窦相吻合

3. 大隐静脉的属支有
   A. 腹壁浅静脉
   B. 腹壁下静脉
   C. 阴部外静脉
   D. 股外侧浅静脉
   E. 股内侧浅静脉

四、问答题

1. 上、下肢和头颈部主要浅静脉的起始、走行、注入部位及其末段收纳的主要属支。
2. 简述肝门静脉的合成、走行和主要属支。
3. 简述肝门静脉系和上、下腔静脉系的吻合。肝门静脉回流受阻时，肝门静脉系的血液经何途径流入上、下腔静脉？
4. 自患者手背静脉网注入抗菌素，药物经过怎样的途径分别到达肺和阑尾（可用箭头表示）。

选择题参考答案

A型题：
1. D 2. A 3. D 4. B 5. C 6. E 7. B

B型题：
1. A 2. A 3. A 4. E 5. B 6. A 7. C 8. C 9. D 10. B

X型题：
1. ACDE 2. ABCD 3. ACDE

插上想象的翅膀

第十二章 淋巴系统

淋巴系统由淋巴管道、淋巴器官和淋巴组织组成,其中淋巴管道中流的是淋巴液。
1. 淋巴管道
(1) 毛细淋巴管。
(2) 淋巴管。
(3) **淋巴干**:左右颈干、左右锁骨下干、左右支气管纵隔干、左右腰干、肠干。
(4) **淋巴导管**:
1) 胸导管

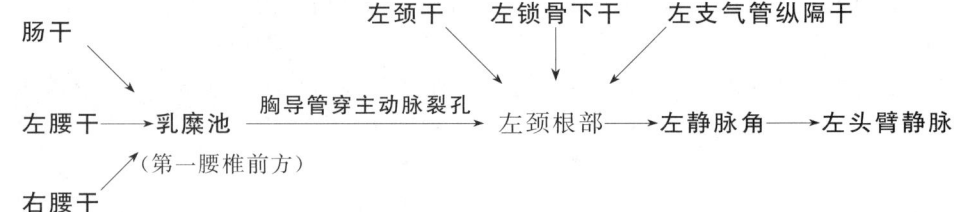

2) **右淋巴导管**:汇集右颈干、右锁骨下干、右支气管纵隔干的淋巴(即右侧上半身)。
2. 淋巴组织
3. 淋巴器官:
(1) **人体各部主要的淋巴管和淋巴结**
1) 头颈部的淋巴管和淋巴结:
  下颌下淋巴结:收集头面部的淋巴,注入颈干。
  锁骨上淋巴结:收集颈根部的淋巴,注入颈干。
2) 上肢的淋巴管和淋巴结:
腋淋巴结:收集上肢、胸前壁、乳房的淋巴,注入锁骨下干。按位置可分为外侧、胸肌、肩胛下、中央和腋尖5群淋巴结。
3) 胸部的淋巴管和淋巴结:
肺门淋巴结:收集肺的淋巴,注入支气管纵隔干。
4) 腹部的淋巴管和淋巴结。
5) 盆部的淋巴管和淋巴结。
6) 下肢的淋巴管和淋巴结:
  腹股沟浅淋巴结:腹股沟韧带和大隐静脉周围,收集下肢浅淋巴,注入腹股沟深淋巴结。
  腹股沟深淋巴结:股静脉周围,收集下肢的淋巴,注入腰干。
(2) **脾**:形态:脾门、脾切迹、副脾。
位置及毗邻。
(3) **胸腺**:形态及位置。

4. 人体部分器官的淋巴引流

(1) **食管**：①食管颈部的淋巴注入气管旁淋巴结和颈外侧下深淋巴结。②食管胸部的淋巴除注入纵隔后淋巴结外，胸上部的淋巴注入气管旁淋巴结和气管支气管淋巴结，胸下部的淋巴注入胃左淋巴结。③食管腹部的淋巴注入胃左淋巴结。食管的部分淋巴管注入胸导管。

(2) **胃**：胃的淋巴引流方向有4个：①胃底右侧部、贲门部和胃体小弯侧的淋巴注入胃上淋巴结；②幽门部小弯侧的淋巴注入幽门上淋巴结；③胃底左侧部、胃体大弯侧左侧部的淋巴注入胃网膜左淋巴结、胰淋巴结和脾淋巴结；④胃体大弯侧右侧部和幽门部大弯侧淋巴注入胃网膜右淋巴结和幽门下淋巴结。各淋巴引流范围的淋巴管之间存在丰富的交通。

(3) **肺**：肺浅淋巴管位于胸膜脏层深面，肺深淋巴管位于肺小叶间结缔组织内、肺血管和支气管的周围。浅、深淋巴管之间存在交通，注入肺淋巴结和支气管肺淋巴结。通过淋巴管，肺的淋巴依次由肺淋巴结、支气管肺淋巴结、气管支气管淋巴结和气管旁淋巴结引流。肺下叶下部的淋巴注入肺韧带处的淋巴结，其输出淋巴管注入胸导管或腰淋巴结。左肺上叶下部和下叶的部分淋巴注入右气管支气管淋巴结上群和右气管旁淋巴结。

(4) **肝**：肝浅淋巴管位于肝被膜的结缔组织内。肝膈面的浅淋巴管多经镰状韧带和冠状韧带注入膈上淋巴结和肝淋巴结，部分淋巴管注入腹腔淋巴结和胃左淋巴结。冠状韧带内的部分淋巴管注入胸导管。肝脏面浅淋巴管注入肝淋巴结。深淋巴管位于门管区和肝静脉及其属支的周围，沿静脉出肝，注入肝淋巴结、腹腔淋巴结和膈上淋巴结。肝浅、深淋巴管之间存在丰富的交通。

(5) **直肠**：齿状线以上的淋巴管走行有4个方向：①沿直肠上血管上行，注入直肠上淋巴结；②沿直肠下血管行向两侧，注入髂内淋巴结；③沿肛血管和阴部内血管进入盆腔，注入髂内淋巴结；④少数淋巴管沿骶外侧血管走行，注入骶外侧淋巴结。齿状线以下的淋巴管注入腹股沟浅淋巴结。

(6) **子宫**：子宫的淋巴引流方向较广。①子宫底和子宫体上部的淋巴管：沿卵巢血管上行，注入腰淋巴结；沿子宫圆韧带穿腹股沟管，注入腹股沟浅淋巴结。②子宫体下部和子宫颈的淋巴管：沿子宫血管行向两侧，注入髂内、外淋巴结；经子宫主韧带注入闭孔淋巴结；沿骶子宫韧带向后注入骶外侧淋巴结和骶正中淋巴结。

(7) **乳房**的淋巴引流见第五章第二节乳房部分。

病例 12：

女，48岁，自述数月前在右侧乳房的外上区发现有一枣状肿物，无痛，可移动，因无其他不适，未加重视。因近期该肿物增大，其长径约5cm，且不能移动，肿物处皮肤表面略凹陷，呈"橘皮样"改变就医。医生体检时还在其右侧腋窝内触及了数个移动度较差的淋巴结。诊断：乳腺癌伴腋淋巴结转移。遂行乳腺癌改良切除术，随诊2年未见复发。

思考：乳腺癌和其他肿瘤的淋巴转移。

淋巴系统在机体免疫中的角色。

第十二章 淋巴系统

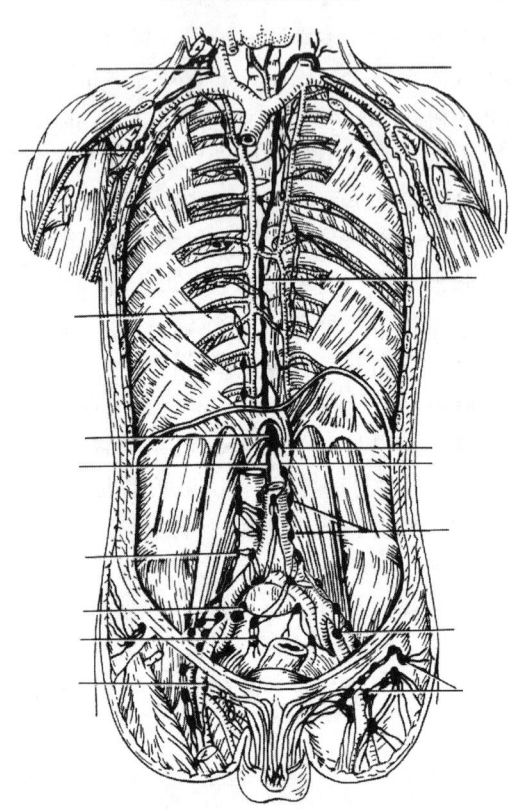

淋巴结及淋巴管

一、名词解释

1. 乳糜池　　　　　　　　　　　　　2. 脾切迹

二、填空题

1. 胸导管起自_____，经_____入胸腔，最后注入_____。
2. 汇入右淋巴导管的淋巴干有_____、_____和_____，最后注入_____。
3. 下颌下淋巴结位于_____，其主要收纳_____、_____和_____等处的淋巴。
4. 乳腺外侧部和中央部的淋巴管注入_____淋巴结，乳腺上部的淋巴管汇入_____淋巴结。

5. 腹股沟浅淋巴结可分为上、下两群，其中上群主要收集_____、_____、_____和_____（部位）的浅淋巴。

6. 脾位于_____区，与第_____肋相对，其长轴与_____一致，脾肿大时临床触诊的标志是_____。

三、选择题

【A 型题】

1. 右淋巴导管
   A. 由右腰干和右肠干合成
   B. 穿主动脉裂孔入胸腔，行于胸主动脉右侧
   C. 收纳右半身的淋巴
   D. 注入右静脉角
   E. 长约 3cm

2. 胸导管
   A. 由左、右腰干和左、右肠干合成
   B. 起始部位于腹主动脉前方
   C. 经主动脉裂孔入胸腔
   D. 沿食管前方上行
   E. 注入右静脉角

3. 腋外侧淋巴结位于
   A. 腋窝后壁
   B. 沿腋静脉排列
   C. 前锯肌表面
   D. 腋窝中央脂肪组织内
   E. 沿肩胛下血管排列

【B 型题】

（1~3 题共用备选答案）
   A. 下颌下淋巴结
   B. 颏下淋巴结
   C. 胸肌淋巴结
   D. 腹股沟浅淋巴结
   E. 腹股沟深淋巴结

1. 面部危险三角区的淋巴引流入
2. 乳腺外侧部的淋巴引流入
3. 沿大隐静脉上端排列的淋巴结是

（4~5 题共用备选答案）
   A. 胸腺
   B. 脾
   C. 胸导管
   D. 右淋巴导管
   E. 淋巴结

4. 具有储血功能的器官是
5. 对淋巴液有过滤作用的是

（6~7 题共用备选答案）
   A. 左、右腰干
   B. 左、右颈干
   C. 左、右锁骨下干
   D. 左、右支气管纵隔干
   E. 肠干

6. 腹腔中不成对脏器的淋巴回流经过
7. 上肢及部分胸、腹壁的淋巴回流经过

【X 型题】

1. 胸导管收受淋巴的范围有
   A. 右上半身
   B. 右下半身
   C. 左上半身
   D. 左下半身
   E. 腹腔脏器

2. 脾
   A. 是人体最大的淋巴器官
   B. 位于 7~11 肋深面
   C. 位于胃底与膈之间
   D. 下缘有脾切迹
   E. 正常时在左肋弓下不能触及

四、问答题

1. 简述乳腺和子宫的淋巴回流。
2. 简述胸导管的起始、收纳范围和注入部位。

3. 简述腋淋巴结的分群、位置和淋巴流向。

选择题参考答案

A 型题：

1. D 2. C 3. B

B 型题：

1. A 2. C 3. D 4. B 5. E 6. E 7. C

X 型题：

1. BCDE 2. ACDE

发现一肿大的淋巴结……

感觉器

第十三章 视器

1. 眼球：由**眼球壁**和**眼球内容物**组成。

（1）眼球壁

1）外膜（**纤维膜**）：角膜和巩膜，角膜缘与巩膜静脉窦。

2）中膜（**血管膜**）：虹膜、睫状体和脉络膜。

3）内膜（**视网膜**）：视网膜盲部、视网膜视部。

☆☆**眼内肌**：瞳孔括约肌、瞳孔开大肌（调节瞳孔的大小）、**睫状肌**（调节晶状体曲度）。

☆☆**视神经盘/视神经乳头与盲点，黄斑与中央凹**（感光辨色最敏锐），眼轴与视轴。

（2）眼球内容物

1）**房水**：眼压与青光眼。

☆☆**房水循环**：睫状体产生房水──→眼球后房──→瞳孔──→眼球前房──→前房角（虹膜角膜角）──→巩膜静脉窦──→眼静脉

2）**晶状体**：老花眼，白内障。

3）**玻璃体**：飞蚊症。

（3）**眼的屈光系统**：角膜、房水、晶状体、玻璃体。

2. 眼副器

（1）**眼睑**：眼睑自外向内的层次为：皮肤、皮下组织、肌层（眼轮匝肌）、睑板、睑结膜。

☆☆睫毛腺与睑腺炎，睑板腺与睑板腺囊肿。

（2）**结膜**：睑结膜、球结膜、穹隆结膜（结膜上、下穹），结膜囊。

（3）**泪器**：泪腺、泪道（泪小点、泪小管、泪囊、鼻泪管，开口于下鼻道）。

（4）**眼球外肌**：

眼外肌	作用	神经支配
提上睑肌	提上睑	动眼神经
上直肌	使瞳孔转向上内	动眼神经
下直肌	使瞳孔转向下内	动眼神经
内直肌	使瞳孔转向内侧	动眼神经
外直肌	使瞳孔转向外侧	展神经
上斜肌	使瞳孔转向下外	滑车神经
下斜肌	使瞳孔转向上外	动眼神经

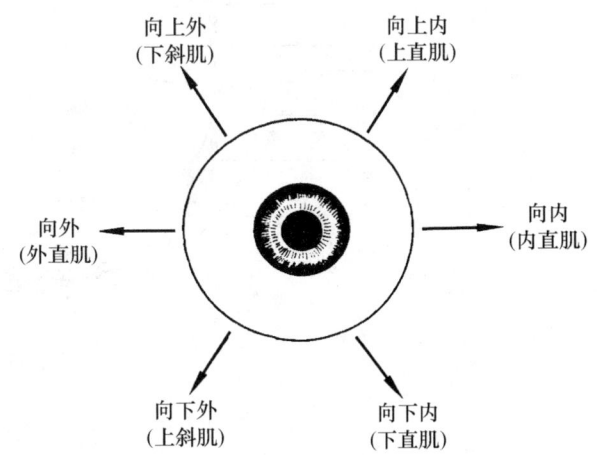

（5）眶脂体和眼球筋膜。

3. 眼的血管：
$\begin{cases} 动脉：颈内动脉、眼动脉、视网膜中央动脉，视网膜鼻侧上/下小动脉、视网膜颞侧上/下小动脉。\\ 静脉：眼上静脉、眼下静脉，汇入面静脉、海绵窦。\end{cases}$

病例 13：

女，67岁，2小时前因情绪激动，左眼突然出现剧烈疼痛，视物模糊，伴头痛及呕吐。入院眼部检查：左眼视力 0.02，Jr7（耶格近视力）看不见，眼压检查：右眼 14mmHg，左眼 56mmHg。球结膜混合充血，角膜上皮雾状水肿，角膜后壁有细小色素 K.P.（角膜后壁沉着物），前房浅，周边前房深度<1/4CT（角膜厚度），前房闪辉（+），瞳孔散大固定，直径6mm，晶状体核性混浊，核Ⅱ度，眼底结构窥不清，右眼未见明显异常。入院诊断：急性青光眼。先行药物治疗，眼压下降后行激光虹膜造孔术治疗。术后随诊2年无复发。

思考：试分析出现青光眼症状的原因。

双眼球同向运动的规律及其原因。

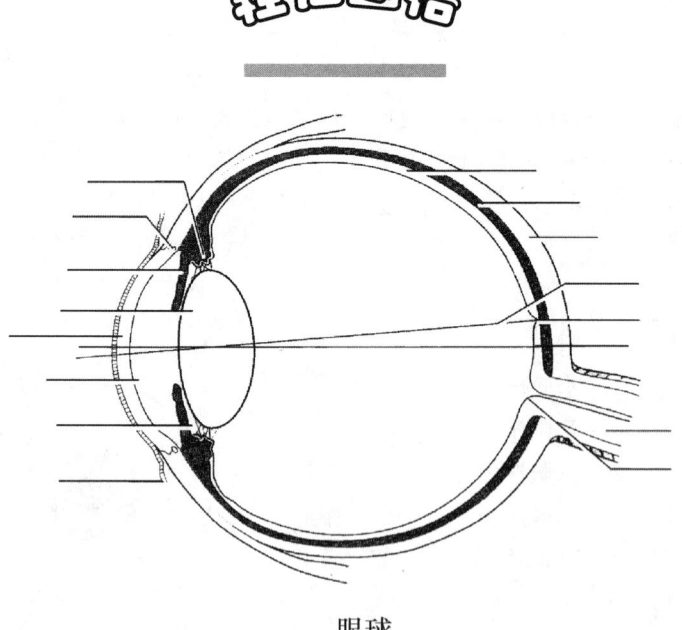

眼球

第十三章 视器

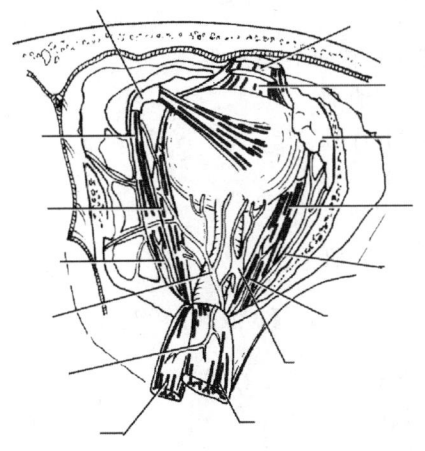
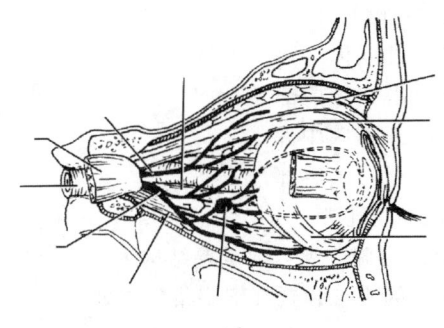

眼外肌

一、名词解释

1. 巩膜静脉窦
2. 视神经盘
3. 黄斑
4. 结膜穹隆

二、填空题

1. 眼球外膜又叫_____，前1/6为_____，后5/6为_____。
2. 角膜无色透明，其组织结构中不含_____，但有丰富的_____，所以感觉敏锐。
3. 血管膜由前向后可分为_____、_____和_____三部。
4. 视网膜贴在_____内面的部分无感光功能，称_____；贴在_____内面的部分有感光功能，称_____。
5. 眼房被_____分为_____和_____两部分。
6. 睫状小带连于_____与_____之间。当睫状肌收缩时，睫状小带_____，晶状体的凸度_____。
7. 眼副器包括_____、_____、_____、_____及眶脂体和眼球筋膜。
8. 眼睑的结构由浅至深由皮肤、_____、_____、_____和_____组成。
9. 内直肌瘫痪时，瞳孔偏向_____。上直肌收缩时，瞳孔转向_____方。

三、选择题

【A型题】

1. 关于虹膜的叙述，**错误**的是
   A. 位居眼球血管膜的前部
   B. 瞳孔是位于虹膜中央的圆形的孔
   C. 完全依赖房水获得营养
   D. 分隔眼前房和后房
   E. 人虹膜的颜色取决于色素的多少，有种族差异

2. 关于瞳孔大小的描述正确的是
   A. 随眼压的高低而变化
   B. 随光线的强弱而变化
   C. 取决于睫状肌的舒缩状况
   D. 取决于房水循环的通畅与否

E. 取决于虹膜的血供丰富与否
3. 眼球壁的中膜中最肥厚的部分是
   A. 虹膜
   B. 睫状体
   C. 脉络膜前部
   D. 脉络膜中部
   E. 脉络膜后部
4. 视神经乳头
   A. 为调节视力的重要结构
   B. 为视锥和视杆细胞集中之处
   C. 为视神经节细胞的轴突集中之处
   D. 为感光最敏感的部位
   E. 没有血管出入
5. 视神经由下列哪种细胞的突起构成
   A. 视锥细胞
   B. 节细胞
   C. 双极细胞
   D. 视杆细胞
   E. 色素细胞
6. 房水
   A. 由眼房产生
   B. 由虹膜角膜角产生
   C. 由巩膜静脉窦产生
   D. 由睫状体产生
   E. 由晶状体产生
7. 晶状体凸度增大是由于
   A. 睫状突后移
   B. 睫状肌舒张
   C. 睫状肌收缩
   D. 瞳孔开大肌收缩
   E. 瞳孔括约肌收缩
8. 关于玻璃体的描述，**错误**的是
   A. 是无色透明的胶状物质
   B. 对视网膜起支撑作用
   C. 位于晶状体和视网膜之间
   D. 有折光作用
   E. 若玻璃体混浊，不影响视力
9. 鼻泪管开口于
   A. 下鼻道
   B. 中鼻道
   C. 上鼻道
   D. 泪囊
   E. 泪点
10. 使瞳孔转向上外方的是
    A. 上直肌
    B. 下直肌
    C. 上斜肌
    D. 下斜肌
    E. 外直肌

【B 型题】

(1~2 题共用备选答案)
   A. 虹膜
   B. 脉络膜
   C. 巩膜
   D. 角膜
   E. 睫状体
1. 构成眼球壁血管膜后部的是
2. 与晶状体凸度调节有关的是

(3~4 题共用备选答案)
   A. 晶状体
   B. 玻璃体
   C. 睫状体
   D. 睫状突
   E. 睫状肌
3. 位于晶状体和视网膜之间的是
4. 借小带与晶状体相连的是

(5~6 题共用备选答案)
   A. 虹膜角膜角
   B. 眼后房
   C. 眼前房
   D. 角膜缘
   E. 瞳孔
5. 房水最后经何结构渗入静脉窦
6. 眼前、后房交通的必经结构是

【X 型题】

1. 眼球内容物包括
   A. 晶状体
   B. 玻璃体
   C. 睫状体
   D. 房水
   E. 虹膜

2. 房水的作用有

   A. 屈光

   B. 促进眼的静脉血回流

   C. 维持眼内压

   D. 营养角膜和晶状体

   E. 防止视网膜脱落

四、问答题

1. 简述房水的产生和循环途径。
2. 简述泪液的分泌及排泄途径。
3. 光线穿过角膜后,依次经过哪些结构投射至视网膜的感光细胞?后者又如何将光波刺激传入脑内产生视觉?
4. 眼外肌的名称、作用和神经支配。

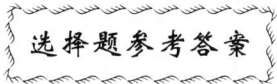

A 型题:

1. C   2. B   3. B   4. C   5. B   6. D   7. C   8. E   9. A   10. D

B 型题:

1. B   2. E   3. B   4. C   5. A   6. E

X 型题:

1. ABD   2. ACDE

第十四章 前庭蜗器

1. **外耳**：包括耳廓、外耳道、鼓膜。
   ☆☆**鼓膜**：松弛部、紧张部，鼓膜脐，光锥。

> 临床上将鼓膜用两条想象线（锤骨柄的延长线及经鼓膜脐与延长线呈直角的线）划分为前上、后上、前下、后下四个象限。前上象限即相当于鼓膜的松弛部，后上象限的鼓室有砧骨长脚和镫骨。因此，一般在鼓膜脐的下部或后下象限行切开术比较安全，该处血管神经都少，手术时疼痛也轻，出血也少。

轻松链接

2. **中耳**
   （1）鼓室：鼓室六壁：
   ①上壁：**鼓室盖**
   ②下壁：**颈静脉壁**
   ③前壁：**颈动脉壁**，上方有咽鼓管的开口
   ④后壁：为**乳突壁**，有乳突窦的入口；锥隆起
   ⑤外侧壁：**鼓膜**
   ⑥内侧壁：为迷路壁，含岬、前庭窗、蜗窗、面神经管凸
   ☆☆听小骨：锤骨、砧骨、镫骨
   ☆☆鼓膜张肌和镫骨肌
   （2）咽鼓管。
   （3）乳突小房。

> 中耳化脓后，脓液易蓄积于鼓室下部，并可侵及黏膜和各壁而发生各种颅外、鼓室内和颅内的合并症：①脓液可向外穿破鼓膜，自耳流出。②可经颈静脉壁侵及颈内静脉而发生颈内静脉血栓。③可经鼓窦口入鼓窦和乳突而形成乳突炎。④乳突外壁被破坏后，脓液即流入骨膜下或皮下，或穿破皮肤而形成瘘孔。乳突尖被破坏时，脓液可向下流于胸锁乳突肌的深面，并沿颈鞘流入纵隔。⑤感染可使鼓室内的黏膜皱襞发生粘连，致使听小骨链硬化强直而发生传导性耳聋。⑥可侵及鼓室内壁、鼓窦口内侧、底部和骨性外耳道后壁，破坏面神经管，压迫面神经而引起面神经麻痹。⑦可经鼓室内侧壁形成迷路炎。⑧可经鼓室盖或鼓窦盖蔓延至颅中窝而引起脑膜炎、脑脓肿等合并症。⑨可经鼓室后壁和内侧壁蔓延至横窦或乙状窦而形成静脉窦血栓。

轻松链接

3. **内耳（迷路）**：分**骨迷路**和**膜迷路**两部分。

（1）骨迷路

1）**前庭**：前下方——耳蜗，后上方——骨半规管；外侧壁——鼓室内侧壁，内侧壁——内耳道底。

2）**骨半规管**：前、后、外半规管，单骨脚与壶腹骨脚（骨壶腹），总骨脚。

3）**耳蜗**：蜗螺旋管（骨蜗管），蜗轴，**骨螺旋板**，前庭阶、鼓阶。

（2）膜迷路

1）**椭圆囊和球囊**：椭圆囊斑、球囊斑——位置觉感受器，感受直线变速运动。

2）**膜半规管**：壶腹嵴——位置觉感受器，感受旋转运动。

3）**蜗管**：

- 上壁：前庭膜
- 外侧壁：分泌内淋巴
- 下壁：又称基底膜或螺旋膜，**螺旋器（Corti器）**——听觉感受器

☆☆内耳有两种淋巴：骨、膜迷路间的**外淋巴**，膜迷路内的**内淋巴**。

☆☆内耳有三个螺旋形管道：**前庭阶、鼓阶、蜗管**。

☆☆声波的空气传导：

声波——耳廓、外耳道——鼓膜——锤骨、砧骨、镫骨——前庭窗、骨迷路——外淋巴（前庭阶，蜗孔，蜗阶）——内淋巴——螺旋器——蜗神经——听觉中枢（颞横回）

内耳：内耳迷路藏颞岩，耳蜗前庭半规管（骨迷路）；
　　　听觉蜗管螺旋器，椭圆球囊半规旋（膜迷路）。

病例14：

女，40岁。因反复眩晕发作伴听力下降4年，加重8小时急诊就诊。主诉4年前无明显诱因出现眩晕，发作持续3～4小时左右，视物旋转，伴有恶心、呕吐，无意识丧失，伴有右耳听力下降，低频耳鸣。口服"眩晕停"等药物缓解，以后每年类似发作一次，听力波动性，发作时下降，眩晕好转后听力有好转。8小时前无明显诱因出现眩晕发作，视物旋转，伴有恶心、呕吐、右耳听力下降，耳鸣，嗡嗡声。入院耳鼻喉科查体见双耳鼓膜正常，右侧水平眼震。患者头颅CT、MRA未见异常，电测听检查示右耳骨导下降，PTA45dB，左耳正常。进一步完善甘油试验检查示阳性，耳蜗电图检查提示-SP/AP比值＞40%。初步诊断：梅尼埃病（Ménière disease）。发作时嘱患者静卧于暗室内，予镇静、抗眩晕药、脱水剂、止吐、血管扩张剂等对症处理。

思考：试分析出现梅尼埃病症状的原因。

提示：梅尼埃病一般认为是膜迷路积水所制。

轻松图格

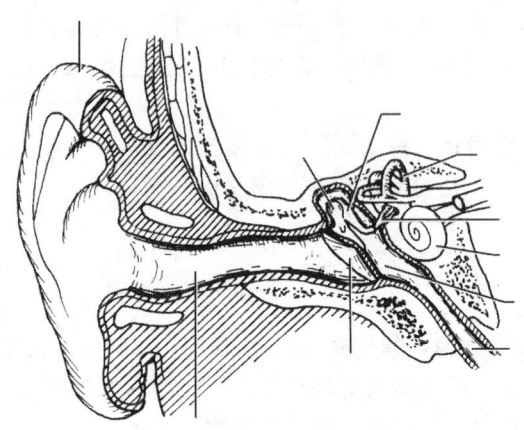

前庭蜗器

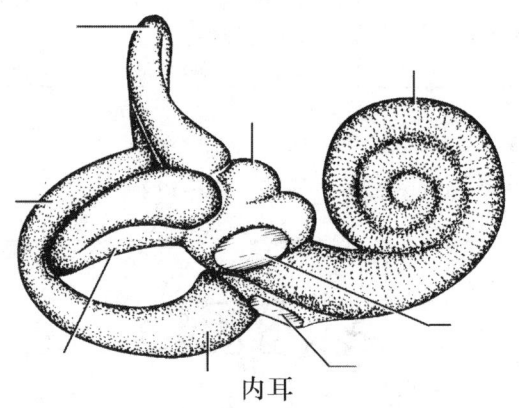

内耳

轻松应试

一、名词解释

1. 螺旋器
2. 壶腹嵴
3. 蜗管

二、填空题

1. 鼓膜中心向内凹陷称_____。鼓膜的前上 1/4 部分称为_____，后下 3/4 部分称为_____。

2. 鼓室的六个壁中，_____壁有乳突窦的开口；_____壁上有隆起的岬；_____壁有面神经管经过；_____壁与颈内静脉起始部分隔。

3. 听小骨包括_____、_____和_____。其中_____附着于鼓膜，_____连于前庭窗。

4. 咽鼓管的一端在鼓室的_____壁上开口；另一端开口于咽腔的_____部。幼儿的咽鼓管与成人相比，其特点是_____、_____且_____，故患咽炎时，易经此管蔓延至鼓室，引起中耳炎。

5. 骨迷路由后向前可分为_____、_____和_____三部分。

6. 位觉感受器位于内耳的_____、_____和_____的壁上，分别称为_____、_____和_____。

7. 听觉感受器位于_____上，称_____。

8. 在内耳中，_____与_____之间充满外淋巴；内淋巴在_____的腔内，内、外淋巴互不相通。

三、选择题

【A 型题】

1. 外耳道
   A. 外侧 1/3 为软骨部，内侧 2/3 为骨部
   B. 外侧 1/3 为骨部，内侧 2/3 为软骨部
   C. 外侧 1/2 为骨部，内侧 1/2 为软骨部
   D. 是外耳门至鼓膜之间直管状通道
   E. 与内耳道相通

2. 关于内耳的叙述**错误**的是
   A. 由骨迷路和膜迷路组成
   B. 骨迷路可分为前庭、骨半规管和耳蜗
   C. 蜗窗位于前庭的外侧壁上
   D. 骨迷路与膜迷路之间充满外淋巴，膜迷路内充满内淋巴，内、外淋巴经蜗孔相交通
   E. 骨半规管可分为前、后、外侧三个

3. 与位置觉无关的结构是
   A. 椭圆囊斑
   B. 球囊斑
   C. 壶腹嵴
   D. 螺旋器
   E. 前庭神经节

4. 下列说法正确的是
   A. 前庭阶、鼓阶内都充满了外淋巴
   B. 前庭阶与鼓阶内的淋巴互不相通
   C. 三个骨半规管通过 5 个孔开口于前庭前壁
   D. 前、外侧骨半规管的壶腹脚合成一个总骨脚
   E. 前庭的内侧壁上有前庭窗

5. 膜迷路包括
   A. 前庭
   B. 耳蜗
   C. 蜗管
   D. 骨半规管
   E. 蜗螺旋管

【B 型题】

(1~2 题共用备选答案)
   A. 鼓室上壁
   B. 鼓室下壁
   C. 鼓室前壁
   D. 鼓室后壁
   E. 鼓室内侧壁

1. 与颈内动脉毗邻的是
2. 乳突窦开口于

(3~4 题共用备选答案)
   A. 壶腹嵴
   B. 椭圆囊斑
   C. 蜗管
   D. 前庭阶
   E. 螺旋器

3. 能感受旋转运动刺激的是
4. 能感受直线变速运动刺激的是

(5~6 题共用备选答案)
   A. 蜗窗
   B. 前庭阶

C. 鼓阶
D. 前庭
E. 球囊
5. 含有内淋巴的是
6. 由第二鼓膜封闭的是

2. 开口于鼓室的结构有
   A. 内耳道
   B. 咽鼓管
   C. 蜗管
   D. 耳蜗
   E. 乳突窦
3. 属于骨迷路的结构有
   A. 乳突小房
   B. 耳蜗
   C. 蜗管
   D. 前庭
   E. 鼓室

【X 型题】

1. 鼓室内侧壁上的结构有
   A. 岬
   B. 第二鼓膜
   C. 锥隆起
   D. 面神经管凸
   E. 前庭窗

四、问答题

1. 试述鼓室各壁的结构、毗邻和临床意义。
2. 小儿咽鼓管的特点及临床意义如何？
3. 耳廓收集的声波，经过哪些结构传至内耳听觉感受器？

选择题参考答案

A 型题：
1. A   2. D   3. D   4. A   5. C
B 型题：
1. C   2. D   3. A   4. B   5. E   6. A
X 型题：
1. ABDE   2. BE   3. BE

神经系统

第十五章 总论

1. 神经系统（nervous system，NS）的区分

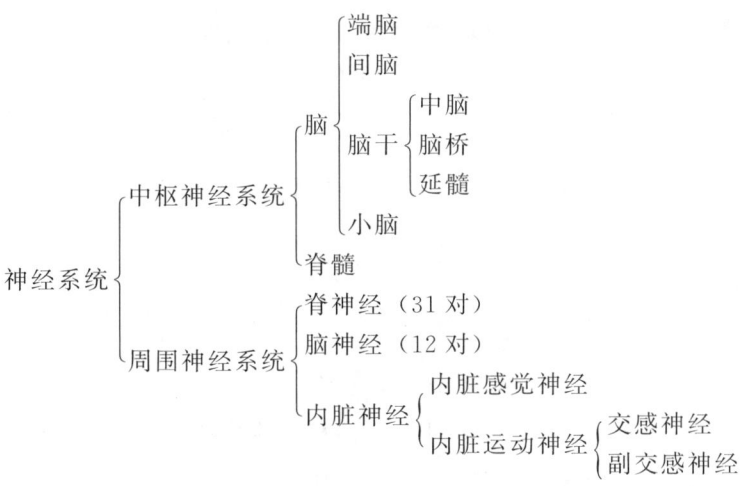

2. 组成神经系统的两种细胞：
(1) **神经元**：是神经系统的结构和功能单位，由胞体和突起（轴突、树突）组成。
☆☆ **分类**：
①按神经元突起的数目：假单极、双极、多极神经元
②按神经元的功能：感觉（传入）、运动（传出）、联络（中间）神经元
☆☆ **突触**：化学突触（**突触前膜**、**突触后膜**、**突触间隙**）
(2) **神经胶质细胞**：如少突胶质细胞、小胶质细胞等。
3. 神经系统的活动方式——**反射**
☆☆反射弧：感受器、传入神经、中枢部、传出神经、效应器。
4. 神经系统的常用术语
(1) **灰质和白质**
(2) **皮质和髓质**
(3) **神经核与神经节**
(4) **纤维束与神经**
(5) **网状结构**

		中枢神经系统	周围神经系统
神经元	胞体及树突	灰质（端脑和小脑的皮质）、神经核	神经节
	轴突	白质（端脑和小脑的髓质）、纤维束	神经
		网状结构	

第十五章 总 论

轻松应试

一、名词解释

1. 神经核和神经节
2. 神经纤维
3. 皮质
4. 网状结构

二、填空题

1. 中枢神经系统包括_____和_____两部分。周围神经系统包括_____、_____和_____。
2. 根据形态结构和功能的不同,可将内脏运动神经分为_____和_____。
3. 神经元的基本形态包括_____和_____两部分。

三、选择题

【A 型题】

1. 不属于多级神经元的是
    A. 中间神经元
    B. 联络神经元
    C. 运动神经元
    D. 脊神经节细胞
    E. 脊髓前角细胞
2. 关于神经系统基本概念的描述哪项是正确的
    A. 形态和功能相似的神经元胞体聚集成团,都称为神经核
    B. 神经元的轴突细长,称神经纤维
    C. 每个神经元均有多个树突和一个轴突
    D. 内脏神经即交感神经和副交感神经
    E. 内脏神经和躯体神经中都有感觉神经和运动神经

【B 型题】

(1~2 题共用备选答案)
    A. 神经元
    B. 神经胶质
    C. 突触
    D. 网状结构
    E. 灰质

1. 不能传导神经冲动的是
2. 与髓鞘的形成有关的是

(3~5 题共用备选答案)
    A. 神经核
    B. 神经节
    C. 灰质
    D. 皮质
    E. 神经胶质

3. 形态功能相似的神经元胞体聚集成团,在周围部的称
4. 神经元胞体和树突集聚配布于脑表面的称
5. 形态和功能相似的神经元胞体聚集成团,在中枢部(除皮质外)的称

(6~8 题共用备选答案)
    A. 神经元的轴突
    B. 神经
    C. 纤维束
    D. 白质
    E. 髓质

6. 在中枢部,起止、行程和功能相似的神经纤维集合在一起称
7. 在中枢部,泛指神经纤维集聚地的是
8. 在脑皮质深面,神经纤维的集聚地称

【X 型题】

1. 反射弧的形态基础包括
    A. 感受器

B. 感觉神经　　　　　　　　D. 传出神经
C. 中枢　　　　　　　　　　E. 效应器

四、问答题

1. 简述神经系统的区分和神经系统的组织结构。
2. 说明神经纤维、神经和纤维束的概念有何不同。

选择题参考答案

A 型题：
1. D　2. E

B 型题：
1. B　2. B　3. B　4. D　5. A　6. C　7. D　8. E

X 型题：
1. ABCDE

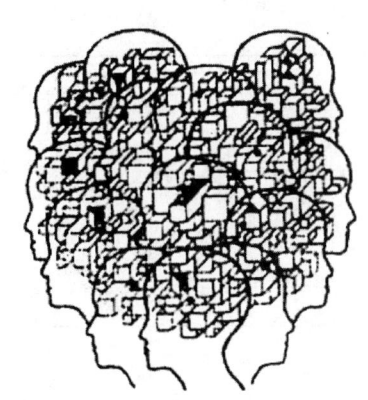

第十六章 中枢神经系统

第一节 脊髓

1. **位置及外部形态**:脊髓位于椎管内,呈前后略扁的圆柱形,上接延髓,下端形成**脊髓圆锥**,并以**终丝**(马尾)终止于尾骨。全长可分为 31 个脊髓节段。

☆☆前正中裂、后正中沟、前外侧沟和后外侧沟

☆☆脊髓圆锥:成人终止于第一腰椎体下缘,新生儿可达第三腰椎。

☆☆颈膨大($C_4 \sim T_1$)与腰骶膨大($L_2 \sim S_3$)

☆☆脊髓节段与椎骨的对应关系:

脊髓节段	椎骨
$C_{1\sim 4}$	同序数椎骨
$C_{5\sim 8}$,$T_{1\sim 4}$	同序数椎骨的上一节锥体
$T_{5\sim 8}$	同序数椎骨的上两节锥体
$T_{9\sim 12}$	同序数椎骨的上三节锥体
$L_{1\sim 5}$	平对 11 和 12 胸椎
$S_{1\sim 5}$,Co_1	平对第一腰椎

2. 脊髓的内部结构

(1) 灰质

1) **前角**:前角运动神经元(α、γ)的内侧群、外侧群

2) **侧角**:即**中间外侧柱**,$T_1 \sim L_3$,交感神经节前神经元的胞体

☆☆骶副交感核:$S_{2\sim 4}$,副交感神经节前神经元的胞体

3) **后角**:后角边缘核,胶状质,后角固有核,胸核(背核):$C_8 \sim L_2$

4) **脊髓灰质板层**:

板层	脊髓灰质	板层	脊髓灰质
Ⅰ	后角边缘核	Ⅵ	后角基部
Ⅱ	胶状质	Ⅶ	中间带
Ⅲ	后角固有核	Ⅷ	前角基部
Ⅳ		Ⅸ	前角运动神经元
Ⅴ	后角基部	Ⅹ	中央管的周围灰质

(2) **白质**(后索、外侧索、前索)

1) 上行纤维束（感觉性）：

纤维束	位置	Ⅰ级神经元	Ⅱ级神经元	交叉	Ⅲ级神经元	功能
薄束	后索	脊神经节	薄束核 	内侧丘系交叉	背侧丘脑腹后外侧核	传递同侧 T_4 以下躯干和下肢的本体感觉和精细触觉
楔束	后索	脊神经节	楔束核			传递同侧 T_4 以上躯干和上肢的本体感觉和精细触觉
脊髓丘脑束	外侧索和前索	脊神经节	脊髓后角Ⅰ、Ⅳ、Ⅴ层	白质前连合交叉	背侧丘脑腹后外侧核	传递对侧躯干和四肢的浅感觉（痛温觉、粗触压觉等）
脊髓小脑后束	外侧索	脊神经节	胸核和中间带		旧小脑皮质	传递下肢非意识性的本体觉
脊髓小脑前束	外侧索	脊神经节	腰骶膨大节段第Ⅴ～Ⅶ层		旧小脑皮质	

2) 下行纤维束（运动性）：

①皮质脊髓束

皮质脊髓侧束：外侧索，锥体交叉，对侧脊髓前角运动神经元（下运动神经元），支配躯干和四肢骨骼肌的随意运动。

皮质脊髓前束：前索，白质前连合交叉，双侧脊髓前角运动神经元（下运动神经元），支配上肢和颈部的骨骼肌。

②**其他**：红核脊髓束、前庭脊髓束、顶盖脊髓束、内侧纵束、固有束。

轻松思考

病例 15：

女孩，5岁，近两天腰痛，两腿痛。突然发热，T39.5℃。次日早晨不能下床，左下肢不能活动。检查发现：头、颈、两上肢和右腿无运动障碍，左下肢完全瘫痪。左腿肌张力减退，腱反射（膝和跟腱）消失。3周后，左大腿能够屈收，并能伸膝，但其他运动未见恢复。1个月后，足肌、小腿肌及大腿后部肌松弛，明显萎缩。无其他任何感觉障碍。

诊断：急性脊髓前角灰质炎

急性脊髓前角灰质炎是一种病毒引起的急性传染病。患儿腰腿疼痛，表明后根或脊髓内的后根纤维为炎症反应所刺激。但无持久性的感觉障碍，证明此部分无严重损伤。患者有明显的左下肢运动障碍；腱反射消失、肌萎缩，而无感觉障碍，说明既非锥体束受损伤（如锥体束受损伤则产生痉挛性瘫痪），也非周围神经受损伤（周围神经损伤一般兼有运动和感觉障碍），病变在前角（图示）。从肌萎缩在足、小腿和大腿后部，判断脊髓受损伤

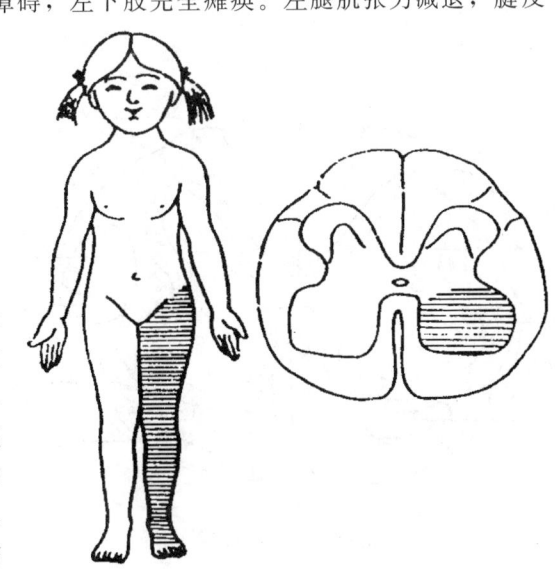

第十六章 中枢神经系统

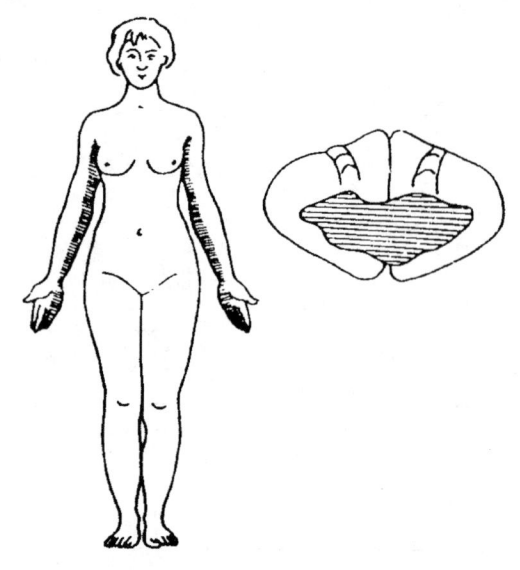

的主要节段应在腰骶膨大的下段（$L_4 \sim S_2$）。

病例 16：

女，35 岁，主诉近数月来虚弱无力，先是右手，后是左手。在感觉无力之前，右手有两次偶然受伤，一次是自己用熨斗烫伤；另一次是用刀子划伤，但两次都无痛觉，两次相隔数周。检查时发现患者双手掌骨明显突出，表明手肌萎缩。患者均不能作手指收展运动和拇指内收、对掌运动。患者双手内侧至掌正中线处痛觉缺失；痛觉缺失区向上延至前臂掌面和背面的内侧半；在上臂前面痛觉缺失区在内侧 1/3，上达腋窝水平，在背面则不到内侧一半。上睑稍下垂，右侧特别明显，瞳孔缩小也在右侧。双侧腕关节屈伸肌有些力弱，前臂肌有些萎缩。

诊断：脊髓空洞症

脊髓空洞症是一种慢性进行性疾病，主要病变为脊髓内空洞形成和胶质增生。此患者脊髓空洞病变很快自中央管向周围发展（图示），破坏了脊髓丘脑束在白质前连合处的交叉纤维，因此开始双上肢痛、温觉消失的区域是大致相似的。但当空洞增大，侵犯了前角，造成了带有肌萎缩的弛缓性麻痹。从痛觉缺失的皮节区域看，病变应主要在 C_8 和 T_1 水平。从手的骨间肌明显萎缩来看，也符合这个节段受损伤。眼睑下垂和瞳孔缩小是 Horner 综合征的主要表现，表明至少 T_1 的中间外侧核受损。因 T_1、T_2 侧角细胞发出的交感节前纤维至颈上神经节中继，节后纤维至瞳孔开大肌和上睑的平滑肌等，当 T_1 侧角细胞受到损伤时，发生上睑下垂和瞳孔缩小。

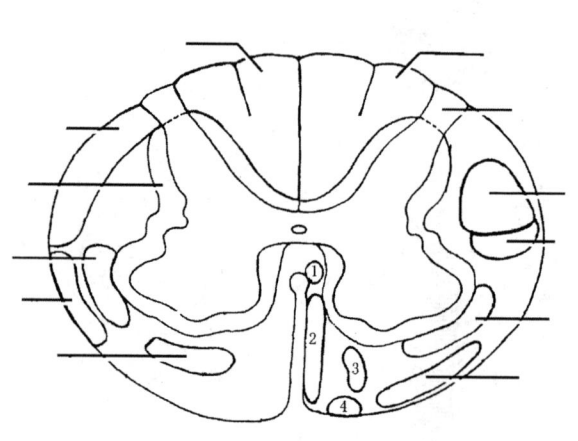

脊髓颈膨大横断面

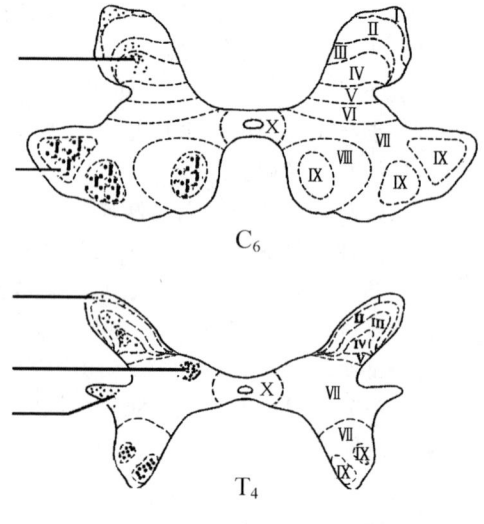

脊髓板层

第十六章 中枢神经系统

轻松应试

一、名词解释

1. 脊髓圆锥
2. 马尾
3. 骶副交感核
4. 胸核

二、填空题

1. 人类脊髓可借脊神经根的出入范围划分为_____节，其中颈膨大位于_____（节段），腰骶膨大位于_____（节段）。

2. 前角运动神经元有两种，其中大型的为_____神经元，其纤维支配_____；小型细胞为_____神经元，其纤维支配_____。

3. 脊髓侧角中间外侧柱位于_____和_____（节段）；后角基部内侧的胸核位于_____（节段）；骶副交感核位于_____（节段）。

4. 依据_____对脊髓灰质细胞构筑的研究，将脊髓灰质自背侧向腹侧划分为10个板层。其中胶状质相当于_____板层，胸核相当于_____板层，前角运动神经元位于_____。

5. 脊髓长的上行纤维束中，楔束起于_____，脊髓小脑后束起于_____，脊髓丘脑束起于_____。脊髓后索损伤后病人出现伤面水平以下_____（功能）丧失。

三、选择题

【A型题】

1. 成人脊髓圆锥下端平齐
   A. 第1腰椎体下缘
   B. 第2腰椎体下缘
   C. 第3腰椎体下缘
   D. 第1骶椎体下缘
   E. 第2骶椎体下缘

2. 马尾主要由
   A. 腰神经根围绕终丝而形成
   B. 骶神经根围绕终丝而形成
   C. 骶、尾神经根围绕终丝而形成
   D. 腰、骶神经根围绕终丝而形成
   E. 腰、骶、尾神经根围绕终丝而形成

3. 脊髓第6颈节与椎骨的对应关系
   A. 对应第4颈椎体
   B. 对应第5颈椎体
   C. 对应第6颈椎体
   D. 对应第7颈椎体
   E. 对应第8颈椎体

4. 关于中间外侧柱的描述**错误**的是
   A. 为一般内脏运动性核团
   B. 其轴突经前外侧沟出脊髓
   C. 其轴突直接支配平滑肌、心肌的运动
   D. 其轴突参与构成前根
   E. 位于脊髓灰质的第Ⅶ层中

5. 关于楔束的描述正确的是
   A. 位于脊髓后索全长
   B. 主要传导下肢的深感觉和精细触觉
   C. 在脊髓后索中位于薄束的内侧
   D. 止于背侧丘脑的腹后外侧核
   E. 起于脊髓胸4节段以上的脊神经节细胞

6. 关于脊髓丘脑束的叙述正确的是
   A. 只位于脊髓外侧索中
   B. 它的外侧与脊髓小脑后束毗邻
   C. 经白质前连合交叉
   D. 纤维起于对侧的脊神经节细胞
   E. 传导同侧的痛、温、触、压觉

7. 若脊髓颈膨大节段的白质前连合损伤，病人会出现
   A. 右侧躯干、下肢痛、温觉丧失
   B. 左侧躯干、下肢痛、温觉丧失
   C. 两侧躯干、下肢痛、温觉丧失
   D. 两侧上肢痛、温觉丧失
   E. 两侧损伤节段以下痛温觉丧失

【B 型题】

(1~4 题共用备选答案)
   A. 依据 Rexed 脊髓灰质Ⅰ层
   B. 依据 Rexed 脊髓灰质Ⅱ层
   C. 依据 Rexed 脊髓灰质Ⅲ~Ⅳ层
   D. 依据 Rexed 脊髓灰质Ⅸ层
   E. 依据 Rexed 脊髓灰质Ⅶ层

1. 后角固有核位于
2. 中间外侧核位于
3. 胸核位于
4. 前角运动神经元位于

(5~6 题共用备选答案)
   A. α 运动神经元
   B. γ 运动神经元
   C. 后角边缘核
   D. 胶状质
   E. 胸核

5. 与肌张力的维持有关的是
6. 脊髓小脑后束起始的神经元是

【X 型题】

1. 贯穿脊髓全长的纤维束有
   A. 薄束
   B. 楔束
   C. 脊髓丘脑束
   D. 皮质脊髓侧束
   E. 皮质脊髓前束

2. 脊髓前角运动神经元损伤，病人可出现
   A. 腱反射亢进
   B. 腱反射消失
   C. 肌张力增高
   D. 肌张力丧失
   E. 病理反射阳性

3. 薄束
   A. 纤维来自 T_5 以下脊神经节细胞的中枢突
   B. 见于脊髓后索全长
   C. 传导同侧下肢本体感觉和精细触觉
   D. 传导对侧下肢本体感觉和精细触觉
   E. 上行止于对侧薄束核

4. 关于脊髓丘脑束
   A. 起始细胞在脊神经节
   B. 交叉部位在脊髓白质前连合
   C. 交叉部位在内侧丘系交叉
   D. 传导同侧躯干和四肢痛、温觉
   E. 传导对侧躯干和四肢痛、温觉

四、问答题

脊髓左侧脊髓胸 8 节段外伤半离断后，可出现哪些主要的症状、体征，为什么？

选择题参考答案

A 型题：
1. A 2. E 3. B 4. C 5. E 6. C 7. D

B 型题：
1. C 2. E 3. E 4. D 5. B 6. E

X 型题：
1. ACD 2. BD 3. ABC 4. BE

第十六章 中枢神经系统

第二节 脑

一、脑干

1．位置及外部形态

（1）脑干腹侧面：
- 延髓：前正中裂、前外侧沟、延髓脑桥沟、锥体、锥体交叉、橄榄，脑神经（Ⅸ、Ⅹ、Ⅺ、Ⅻ）
- 脑桥：基底沟，小脑中脚，脑神经（Ⅴ、Ⅵ、Ⅶ、Ⅷ）
- 中脑：大脑脚、脚间窝，动眼神经（Ⅲ）

（2）脑干背侧面：
- 延髓：薄束结节、楔束结节，小脑下脚
- 脑桥：小脑上脚，前髓帆
- 菱形窝（第四脑室底）：正中沟、界沟、髓纹、内侧隆起、**面神经丘**、前庭区、听结节、舌下神经三角、迷走神经三角、蓝斑、最后区、闩
- 中脑：上丘、下丘，脑神经（Ⅳ）

2．内部结构

（1）脑神经核：与第Ⅲ～第Ⅻ对脑神经相关的脑神经核在脑干内的排列与功能

功能柱		躯体运动柱	特殊内脏运动柱	一般内脏运动柱	内脏感觉柱（一般和特殊）	一般躯体感觉柱	特殊躯体运动柱
位置		中线两侧	躯体运动柱的腹外侧	躯体运动柱的背外侧	一般内脏运动柱的外侧	内脏感觉柱的外侧	最外侧（前庭区深方）
中脑	上丘	动眼神经核（Ⅲ）		动眼神经副核（Ⅲ）		三叉神经中脑核（Ⅴ）	
	下丘	滑车神经核（Ⅳ）					
脑桥	中部		三叉神经运动核（Ⅴ）		界沟	三叉神经脑桥核（Ⅴ）	
	中下部	展神经核（Ⅵ）	面神经核（Ⅶ）	上泌涎核（Ⅶ）			前庭神经核（Ⅷ） / 蜗神经核（Ⅷ）
延髓	橄榄上部			下泌涎核（Ⅸ）	孤束核（Ⅶ、Ⅸ、Ⅹ）	三叉神经脊束核（Ⅴ、Ⅸ、Ⅹ）	
	橄榄中部	舌下神经核（Ⅻ）	疑核（Ⅸ、Ⅹ、Ⅺ）	迷走神经背核（Ⅹ）			
	内侧丘系交叉						
	锥体交叉		副神经核（Ⅺ）				

脑神经核	位置	性质	传入纤维	传出纤维	功能
动眼神经核	中脑上丘,中央灰质腹侧中线的两旁,恰在左右内侧纵束所形成的凹槽内	躯体运动	双侧皮质核束	动眼神经	支配下直肌(其外侧核的背侧细胞,同侧)、下斜肌(其外侧核的中间细胞,同侧)、内直肌(其外侧核的腹侧细胞,同侧)、上直肌(其外侧核的内侧细胞,对侧)、上睑提肌(其中央尾侧核,双侧)
动眼神经副核	中脑上丘,动眼神经核前部的背内侧	一般内脏运动	双侧顶盖前区的纤维	经动眼神经至睫状神经节	支配睫状肌和瞳孔括约肌
滑车神经核	中脑下丘,中央灰质的腹侧,其腹侧面是内侧纵束	躯体运动	双侧皮质核束	滑车神经	眼上斜肌
三叉神经中脑核	脑桥和中脑部,三叉神经脑桥核向上的延续	一般躯体感觉	三叉神经(下颌神经)		面肌、咀嚼肌、牙的本体感觉
三叉神经脑桥核	三叉神经脊束核的上部	一般躯体感觉	三叉神经(眼神经、上颌神经和下颌神经),经三叉神经节,其中枢突形成三叉神经脊束	经三叉丘系,到达背侧丘脑腹后内侧核	头面部一般皮肤、黏膜感觉
三叉神经脊束核	延髓、脑桥前庭神经核的前外侧	一般躯体感觉			
三叉神经运动核	三叉神经根的内侧	特殊内脏运动	双侧皮质核束	三叉神经	支配咀嚼肌
展神经核	面神经丘的深面	躯体运动	双侧皮质核束	展神经	眼外直肌
面神经核	脑桥网状结构中	特殊内脏运动	核上部接受双侧皮质核束纤维,下部接受对侧皮质核束的纤维	面神经	支配面肌
上泌涎核	脑桥网状结构中	一般内脏运动		面神经	控制下颌下腺、舌下腺、泪腺等的分泌
孤束核	迷走神经背核前外侧	一般及特殊内脏感觉	孤束		膝神经节(面神经,舌前2/3味蕾)、下神经节(舌咽神经,舌后1/3味蕾),下神经节(迷走神经,内脏感觉)
前庭神经核	前庭神经三角的深面	特殊躯体感觉	壶腹嵴、球囊斑、椭圆囊斑的位置觉纤维	到小脑、脊髓等	感受位置觉
蜗神经核	听结节的深面	特殊躯体感觉	螺旋器的听觉纤维	形成外侧丘系,到达下丘	感受听觉

续表

脑神经核	位置	性质	传入纤维	传出纤维	功能
下泌涎核	延髓网状结构中	一般内脏运动		舌咽神经	控制腮腺的分泌
疑核	延髓的网状结构中	特殊内脏运动	双侧皮质核束	舌咽神经、迷走神经和副神经	支配咽喉肌
迷走神经背核	迷走神经三角的深面	一般内脏运动		迷走神经	控制大部分的胸腹腔脏器，如心肌、结肠左曲以上消化管的平滑肌和腺体等
副神经核	疑核尾端（延髓部）、上5/6颈髓前角（脊髓部）	特殊内脏运动	双侧皮质核束	副神经	支配咽喉肌、斜方肌、胸锁乳突肌
舌下神经核	舌下神经三角的深面	躯体运动	对侧皮质核束	舌下神经	支配舌内肌和舌外肌（颏舌肌）

(2) 非脑神经核：

$\begin{cases} 中脑：上丘、下丘，红核，黑质。\\ 脑桥：脑桥核。\\ 延髓：薄束核、楔束核，下橄榄核。 \end{cases}$

非脑神经核	位置	传入纤维	传出纤维	功能
上丘（核）	中脑上丘	来自视网膜、大脑皮质视区、下丘、脊髓的纤维	经被盖背侧交叉，形成顶盖脊髓束	与视觉有关，参与视觉、听觉反射
下丘核	中脑下丘	来自外侧丘系和听觉感受器	经下丘臂到达内侧膝状体，形成顶盖脊髓束，完成听觉反射	是听觉通路上的重要中继核、听觉反射中枢
红核	中脑上丘	来自小脑齿状核（经小脑上脚）和大脑皮质的投射纤维	经被盖腹侧交叉，形成红核脊髓束	与躯体运动的控制有关
黑质	大脑脚底与中脑被盖之间	来自新纹状体的纤维	到达新纹状体、颞叶的杏仁核、背侧丘脑	参与运动的调节（Parkinson病）
脑桥核	脑桥基底部	皮质脑桥纤维	经脑桥小脑纤维到达端脑小脑	是大脑皮质向小脑发送信息的最重要的中继站
薄束核	薄束结节深方	薄束	内侧丘系	传递躯干及四肢的本体感觉、精细触觉
楔束核	楔束结节深方	楔束		
下橄榄核	橄榄深方	皮质、脊髓、红核等处纤维	小脑下脚	参与小脑对运动的控制和对运动的学习记忆

(3) 上行纤维束：

	起	交叉	止	行程	功能
内侧丘系	薄束核、楔束核	内侧丘系交叉	对侧背侧丘脑腹后外侧核	延髓中线两侧、锥体背侧，脑桥被盖腹侧，中脑被盖外侧	传导躯干和四肢的本体感觉和精细触觉
脊髓丘脑束	脊髓灰质Ⅰ、Ⅳ～Ⅶ层	脊髓白质前连合	对侧背侧丘脑腹后外侧核	脊髓外侧索、延髓下橄榄核背外侧、脑桥、中脑内侧丘系外侧	传导躯干和四肢皮肤痛温觉和粗略触觉
三叉丘系	三叉神经脊束核、脑桥核	在脑干内交叉	对侧背侧丘脑腹后内侧核	内侧丘系背外侧	传导头面部痛、温、触觉
外侧丘系	蜗神经核	斜方体、髓纹，交叉或不交叉	双侧下丘核	经斜方体、内侧丘系的背外侧	传导听觉

(4) 下行纤维束：
1) **锥体束**：大脑脚底中 3/5，脑桥基底部，锥体，锥体交叉。
2) **其他下行纤维束**：红核脊髓束、顶盖脊髓束、前庭脊髓束等。
(5) **脑干网状结构**。

> 红核综合征又称 Benedikt 综合征：可由基底动脉的脚间支或大脑后动脉的分支栓塞引发，患者表现为同侧除外直肌和上斜肌外的所有眼肌麻痹（动眼神经根损伤），并伴瞳孔开大；对侧精细触觉、位置觉、振动觉的减退（内侧丘系损伤）；同时，由于红核的损伤，可引起对侧运动过度（震颤、舞蹈、手足徐动），对侧肌肉强直（黑质损伤）。
>
> 大脑脚底综合征（peduncular syndrome）：如为单侧损害，亦称动眼神经交叉性偏瘫，又称 Weber 综合征。可由大脑后动脉的分支栓塞引发，患者表现为对侧上、下肢痉挛性瘫痪（锥体束损伤），同侧除外直肌和上斜肌外的所有眼肌麻痹（动眼神经根损伤），还会出现瞳孔开大、上睑下垂、外斜视（Weber 综合征）。
>
> 脑桥基底部综合征（basal pontine syndrome）：如为单侧损害，亦称展神经交叉性偏瘫。可由基底动脉的脑桥支栓塞引发，造成一侧锥体束和展神经受损，患者表现为对侧上、下肢痉挛性瘫痪（皮质脊髓束损害）；同侧眼球内斜视（展神经根受损，同侧眼球外直肌麻痹）。如果病变区域向外侧侵及面神经，患者还可表现有面神经周围性瘫痪。
>
> 脑桥被盖上部综合征：可由基底动脉的长周支或小脑上动脉栓塞引发。可造成同侧面部感觉障碍（三叉神经的纤维受损）和咀嚼肌瘫痪（三叉神经运动核损伤）；对侧躯干和四肢的本体觉和精细触觉消失（内侧丘系损伤），痛温觉等浅感觉障碍（脊髓丘脑束损伤）；如果小脑上脚受损，还可出现偏身的共济失调、意向性震颤及轮替运动障碍。
>
> 延髓内侧综合征（medial medullary syndrome）：如为单侧损伤，亦称舌下神经交叉性偏瘫，又称 Dejerine 综合征。可由椎动脉的延髓支栓塞引发，患者可表现为对侧肢体痉挛性瘫痪（锥体束受损）；对侧上、下

轻松链接

> 肢及躯干意识性本体觉和精细触觉障碍（内侧丘系损伤）；同侧半舌肌瘫痪、萎缩，伸舌时偏向患侧（舌下神经根受累）。从以上情况可以看出：舌下神经的症状表明病灶可能在延髓中部，此部位舌下神经与锥体束和内侧丘系相邻，而只有该区域发生了病变，才会出现以上的三个症状（舌下神经交叉性偏瘫）。
>
> 延髓外侧综合征（lateral medullary syndrome），又称Wallenberg综合征。可由小脑下后动脉或椎动脉的延髓支栓塞引发，患者表现为伤侧头面部痛、温觉障碍（一侧三叉神经脊束及核受损）；对侧躯干及上、下肢痛、温觉障碍（一侧脊髓丘脑束受损）；伤侧软腭及咽喉肌麻痹，造成吞咽困难和声音嘶哑（累及一侧疑核）；伤侧上、下肢出现共济失调（损伤小脑下脚）。若损伤范围扩大，还可出现眩晕、眼球震颤（伤及前庭神经核），同侧上睑轻度下垂，瞳孔缩小，面部皮肤干燥及潮红（损伤间脑投射到脊髓中间外侧核的下行通路，引起Horner综合征）。

病例 17：

男，65岁，突然不省人事数小时，意识恢复后，不能说话，右上、下肢不能活动。数日后，舌仍活动不灵活，但可以说话了。数周后，检查时发现：右上、下肢痉挛性瘫痪，肱二头肌腱、膝腱和跟腱反射亢进，腹壁反射消失，Babinski征阳性，无肌萎缩。吐舌时舌尖偏向左侧，左侧舌肌明显萎缩。全身痛、温度觉正常。身体右侧，除了面部，振动觉和两点辨别性触觉完全消失。

诊断：舌下神经交叉性偏瘫

舌萎缩，吐舌时向左侧偏斜，表明左侧舌下神经受损伤。右侧上、下肢痉挛性瘫痪，是上运动神经元损伤。结合舌下神经损伤情况，推测病灶应在锥体交叉以上还是以下？病灶向锥体背侧侵犯，伤及左侧内侧丘系（图示），因此右侧丧失了振动觉和辨别性触觉。

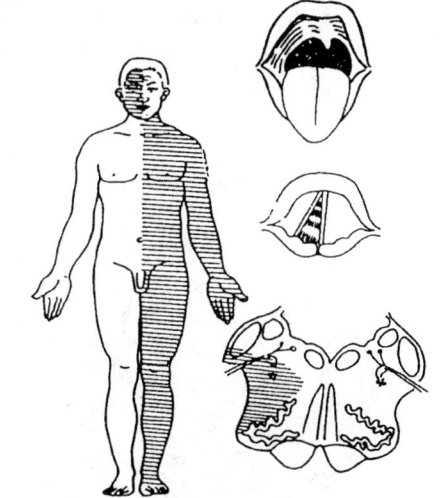

图解：在橄榄中部的切面上示病变区域
左图示痛、温度觉丧失区，右上方两小图示右软腭肌和声带肌麻痹

病例 18：

女，56岁，几个月前额部严重头痛，以后觉得右上肢力弱，右手变得笨拙，右下肢也变得力弱了。随着身体右侧力弱，说话也有困难，视物时出现重影。检查时发现：左侧瞳孔比右侧大，向前平视时左眼转向外下方，左眼瞳孔直接对光反射和调节反应消失。左上睑下垂。右上、下肢无随意运动，跟腱和髌腱反射亢进和Babinski征皆见于右侧。右侧眼裂以下面瘫，吐舌时舌尖偏向右侧，但舌肌不萎缩。

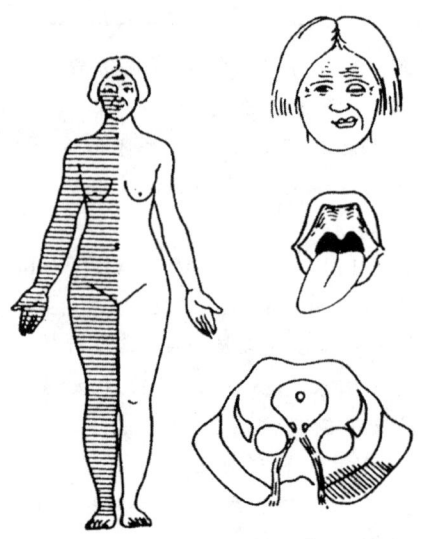

图解：在上丘切面上表示了病变损伤区，左图示右侧肢体痉挛性瘫痪，
右上方两小图示右眼裂以下面肌和舌肌瘫痪。

诊断：动眼神经交叉性偏瘫

从左眼的症状看，瞳孔开大，无瞳孔直接对光反射、外斜视和上睑下垂，都属于动眼神经损伤症状。右侧肢体痉挛性瘫痪，腱反射亢进，表明上运动神经元损伤（皮质脊髓束）。此外，还有面肌和舌肌的症状（皮质核束）。推测病灶只有在何处才会出现以上症状？由于患者陈述几个月来头痛，就不能除外此区肿瘤的可能性。这是典型的 Weber 综合征。

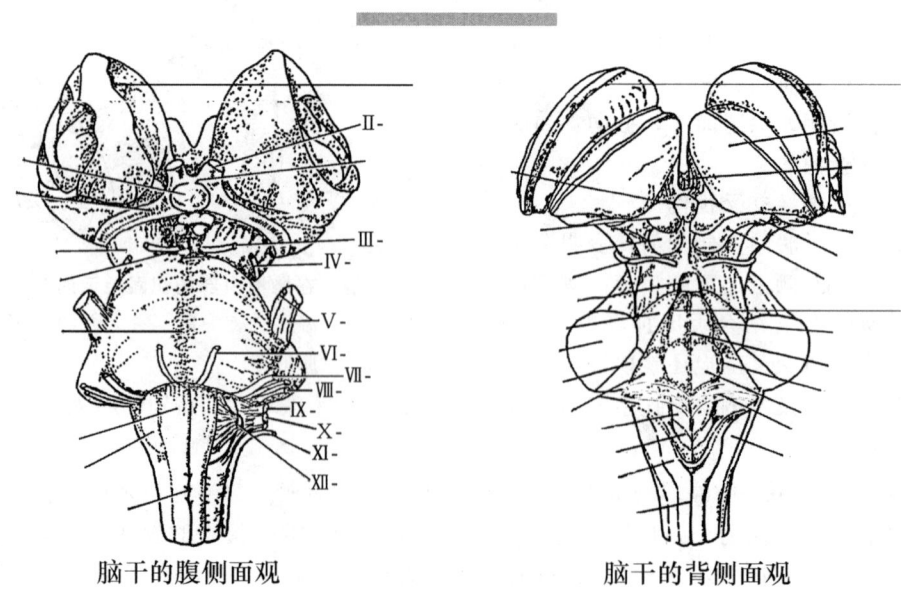

脑干的腹侧面观　　　　　　　　　脑干的背侧面观

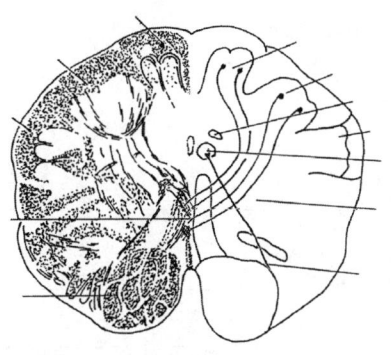
延髓内侧丘系交叉横断面

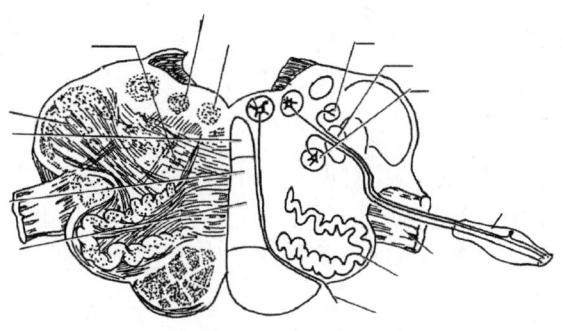
延髓橄榄中部横断面

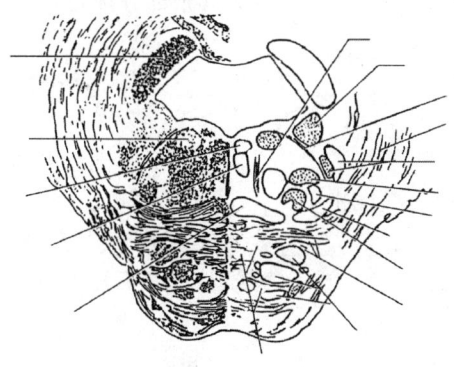
脑桥面神经丘横断面

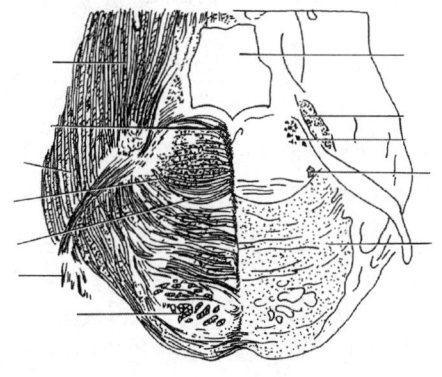
脑桥三叉神经运动核横断面

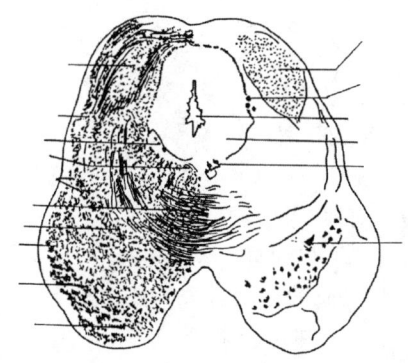
中脑下丘横断面

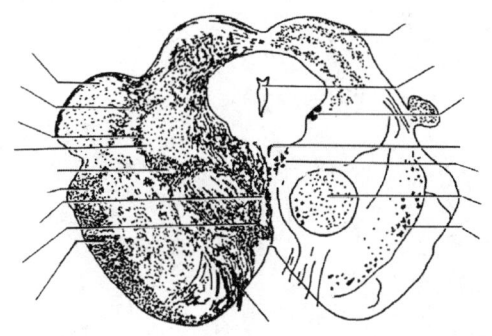
中脑上丘横断面

一、名词解释

1. 脑桥小脑三角
2. 内侧丘系交叉
3. 锥体交叉
4. 三叉神经脊束

第十六章 中枢神经系统

5. 斜方体
6. 黑质
7. 脑干网状结构

二、填空题

1. 延髓脑桥沟中自内侧向外侧依次排列的三对脑神经为_____、_____和_____。橄榄与锥体之间的前外侧沟中有_____神经根出脑。

2. 在延髓的侧面、橄榄的背方，自上而下可见依次排列的神经根为_____、_____和_____。

3. 前庭区的外侧角上有一小隆起为_____，内隐_____核。舌下神经三角的深方隐_____核，迷走神经三角的深方隐_____核。

4. 脑干内的内脏感觉性核团是_____，其头端接受_____纤维，其余部分接受_____纤维。

5. 自疑核发出的纤维出脑后分别加入_____、_____和_____神经，主要支配_____。

6. 脑干内面神经的主要核团包括支配面肌的纤维起自_____核，支配下颌下腺和舌下腺等腺体分泌的纤维起自_____核，接受舌前 2/3 味觉的纤维止于_____核。

7. 在脑干内，舌咽神经支配腮腺分泌的纤维起自_____核，支配咽肌的纤维起自_____核，接受舌后 1/3 味觉及一般黏膜感觉的纤维止于_____核，接受耳后皮肤感觉的纤维止于_____核。

8. 脑干内属一般内脏运动柱的核团有_____、_____、_____和_____。

9. 黑质主要由_____能神经元组成，与_____有往返纤维联系，参与_____功能。

10. 皮质核束在脑干下行过程中，陆续离开_____，止于双侧的脑神经运动核；但_____和_____只接受对侧皮质核束的支配。

三、选择题

【A 型题】

1. 颅腔内听神经瘤最容易压迫的神经是
   A. 三叉神经
   B. 展神经
   C. 面神经
   D. 迷走神经
   E. 舌咽神经

2. 唯一自脑干背面出脑的脑神经是
   A. 动眼神经
   B. 滑车神经
   C. 三叉神经
   D. 展神经
   E. 面神经

3. 在延髓与动眼神经副核属于同一功能柱的核团是
   A. 上泌涎核
   B. 下泌涎核
   C. 疑核
   D. 副神经核
   E. 舌下神经核

4. 与咀嚼肌的运动有关的核团是
   A. 三叉神经脊束核
   B. 三叉神经运动核
   C. 三叉神经脑桥核
   D. 孤束核
   E. 疑核

5. 支配瞳孔括约肌和睫状肌的纤维起于
   A. 动眼神经核
   B. 动眼神经副核
   C. 滑车神经核
   D. 展神经核

    E. 面神经核
6. 内侧纵束
    A. 纵贯脊髓前索全长
    B. 属特殊躯体感觉纤维
    C. 上行可达大脑皮质
    D. 起于延髓和脑桥的前庭神经核群
    E. 主要止于小脑

【B 型题】

(1~3 题共用备选答案)
    A. 大脑脚
    B. 大脑脚底
    C. 顶盖
    D. 被盖部
    E. 脑桥基底部
1. 中脑背侧部的上丘和下丘称为
2. 脑桥以斜方体的前缘为界,背侧的部分为
3. 位于黑质腹侧的是

(4~6 题共用备选答案)
    A. 三叉神经运动核
    B. 疑核
    C. 副神经核
    D. 面神经核
    E. 动眼神经副核
4. 不属于特殊内脏运动柱的核团是
5. 属副交感核的是
6. 与瞳孔对光反射有关的核团是

(7~8 题共用备选答案)
    A. 孤束核

    B. 前庭核群
    C. 疑核
    D. 迷走神经背核
    E. 三叉神经脊束核
7. 接受内脏感觉纤维的核团是
8. 属副交感节前神经元胞体的核团是

(9~11 题共用备选答案)
    A. 红核
    B. 黑质
    C. 中缝核
    D. 视上核
    E. 蓝斑
9. 富含多巴胺的神经元位于
10. 富含 5-羟色胺的核团是
11. 富含去甲肾上腺素的核团是

【X 型题】

1. 属于脑干内特殊内脏运动核团的是
    A. 动眼神经副核
    B. 三叉神经运动核
    C. 展神经核
    D. 面神经核
    E. 疑核
2. 孤束核接受的纤维来自
    A. 三叉神经
    B. 面神经
    C. 舌咽神经
    D. 迷走神经
    E. 舌神经

四、问答题

1. 简述脑干内与骨骼肌随意运动有关的脑神经核有哪些?它们分别位于脑的哪个部位?并简单说明它们的纤维联系。
2. 简述脑干内与迷走神经相联系的核团有哪些?它们分别属何机能柱?
3. 简述脑干非脑神经核的位置、接受的纤维及发出纤维。
4. 简述脑干内的上、下行传导束。

第十六章 中枢神经系统

选择题参考答案

A 型题：
1. C 2. B 3. B 4. B 5. B 6. D

B 型题：
1. C 2. D 3. B 4. E 5. E 6. E 7. A 8. D 9. B 10. C
11. E

X 型题：
1. BDE 2. BCD

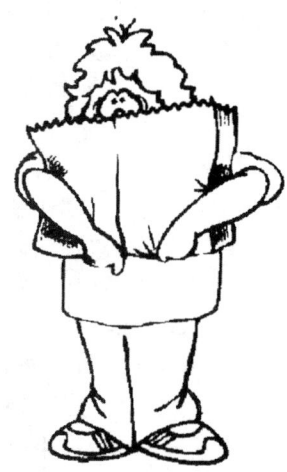

压缩内容，轻松学习

二、小脑

1. 位置及外部形态：小脑位于颅后窝，借三对小脑脚连于脑干的背面。其上面较平坦，下面中部凹陷（小脑谷）。

左、右小脑半球、小脑蚓，原裂、水平裂，绒球和小结、小脑扁桃体。

☆☆**小脑的分部**：**绒球小结叶**（又称**古小脑**或**前庭小脑**）、**小脑前叶**（又称**旧小脑**或**脊髓小脑**）和**小脑后叶**（又称**新小脑**或**端脑小脑**）。

☆☆小脑的分叶：

	蚓部	小脑半球	小脑裂
Ⅰ、Ⅱ	小脑小舌	小脑小舌纽	中央前裂
Ⅲ	中央小叶	中央小叶翼	山顶前裂
Ⅳ、Ⅴ	山顶	方小叶	原裂
Ⅵ	山坡	单小叶	上后裂
Ⅶ	蚓叶	上半月小叶	小脑水平裂
	蚓结节	下半月小叶	下后裂（袢状旁正中裂）
		薄小叶（旁正中小叶）	二腹前裂
Ⅷ	蚓锥体	二腹小叶（背侧旁绒球）	次裂
Ⅸ	蚓垂	小脑扁桃体（腹侧旁绒球）	后外侧裂
Ⅹ	小结	绒球	

☆☆第四脑室

2. 内部结构：

(1) 小脑皮质和髓质

(2) 小脑核（顶核、栓状核、球状核、齿状核）

(3) 纤维联系：

小脑脚	曾用名	主要的纤维束（感觉）	主要的纤维束（运动）
小脑上脚	结合臂	脊髓小脑前束	小脑齿状红核丘脑纤维
小脑中脚	脑桥臂		脑桥小脑纤维
小脑下脚	绳状体	脊髓小脑后束，前庭小脑束	

	传入纤维	传出纤维	功能
前庭小脑	前庭神经核，前庭神经	经前庭神经核，前庭脊髓束、内侧纵束	维持身体平衡
脊髓小脑	脊髓小脑前束、后束	经顶核、球状核和栓状核，前庭脊髓束、网状脊髓束	调节肌张力
端脑小脑	大脑皮质、脑桥核，小脑中脚（脑桥小脑纤维）	经齿状核到背侧丘脑腹外侧核、红核，再到中央前回	协调机体运动

3. 功能及临床意义

（1）小脑的功能：维持平衡、调节肌张力、协调机体运动。

（2）临床意义：闭目难立和走模特步（儿童的成神经管细胞瘤）。震颤性麻痹，指鼻试验。

病例 19：

男孩，5 岁，早晨起床后呕吐，站立不稳，走路时常向后跌倒。检查时发现：患儿站立时两脚叉开；眼底镜检查发现两眼严重视神经盘（乳头）水肿，表明颅压过高，可能有颅内肿物存在；上、下肢肌张力有些下降；无眼球震颤和感觉缺陷。患儿行走时，未发现向侧方倾跌。

诊断： 第四脑室顶成神经管细胞瘤

这是由未分化的神经上皮细胞所形成的脑瘤，常见于儿童，在小脑先开始于第四脑室顶部。由于肿瘤生长迅速，引起颅压过高，故发生呕吐，双侧视神经盘水肿。肿瘤侵犯到小脑蚓部小结，发生步态不稳，向前或向后跌倒。当肿瘤侵及小脑半球时，发生肌张力降低。患者经过深部放射治疗，9 个月后死亡。病理解剖示肿瘤已侵入第四脑室，并有显著的脑积水。

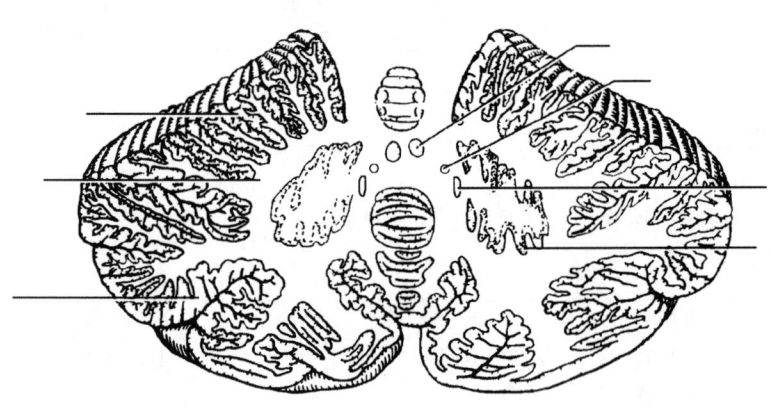

小脑核

一、名词解释

1. 小脑下脚　　　　　　　　　　　　2. 小脑扁桃体

3. 小脑核

二、填空题

小脑髓体内的灰质核团称为小脑核，由_____、_____、_____和_____组成。

三、选择题

【A型题】

1. 属于旧小脑的结构是
   A. 绒球
   B. 蚓垂
   C. 小脑扁桃体
   D. 小脑叶片
   E. 小脑半球的外侧部

【B型题】

（1~3题共用备选答案）
   A. 旧小脑
   B. 新小脑
   C. 原小脑
   D. 绒球脚
   E. 小脑扁桃体

1. 主要功能是维持身体平衡的是
2. 主要功能与调节骨骼肌的张力有关的是
3. 主要功能是调节骨骼肌运动协调的是

【X型题】

1. 哪些小脑核发出的纤维组成了小脑上脚
   A. 顶核
   B. 球状核
   C. 栓状核
   D. 齿状核
   E. 屏状核

四、问答题

小脑的分叶，小脑核及小脑的功能。

选择题参考答案

A型题：
1. B

B型题：
1. C　　2. A　　3. B

X型题：
1. BCD

三、间脑

1. **位置及形态分部**：间脑位于**脑干**的上方，大部分被**大脑半球**所覆盖，两侧间脑之间为**第三脑室**。
   (1) 背侧丘脑：丘脑前结节，丘脑枕，丘脑间粘合，**下丘脑沟**。
   (2) 下丘脑：视交叉、漏斗、垂体、乳头体和灰结节。
   (3) 后丘脑：内侧膝状体、外侧膝状体。
   (4) 上丘脑：丘脑髓纹、缰三角、缰连合、**松果体**。
   (5) 底丘脑：底丘脑核。
2. **内部结构**
   (1) 背侧丘脑（丘脑）：为一对卵圆形的灰质团块，外邻内囊，内邻第三脑室。因其内有一"Y"形的纤维板——**内髓板**，背侧丘脑被划分为**前核群**、**内侧核群**和**外侧核群**三部分，外侧核群又分为背层和**腹层**，其中腹层又分腹前核、腹外侧核和腹后核，腹后核再分为腹后内侧核和腹后外侧核。
   背侧丘脑的外侧借外囊与屏状核相邻，屏状核的外侧还有最外囊和岛叶皮质。

☆☆ **特异性中继核团** { 腹后内侧核——接受三叉丘系和味觉纤维。
腹后外侧核——接受内侧丘系和脊丘系的纤维。
腹前核、腹外侧核——接受新小脑、黑质、苍白球的纤维。

   纤维联系：传出的纤维形成丘脑中央辐射，到达大脑皮层躯体感觉区。
   (2) 后丘脑 { **内侧膝状体**：听觉的皮质下中枢，传出纤维形成听辐射，到达颞横回。
外侧膝状体：视觉的皮质下中枢，传出纤维形成视辐射，到达视觉皮质。
   (3) 下丘脑：
   1) 重要的核：**视上核**和**室旁核**（加压素和催产素）、乳头体核、视交叉上核等。
   2) 纤维联系：前脑内侧束、穹窿、乳头丘脑束、视上垂体束、室旁垂体束等。
   3) 临床意义：感觉异常（如被针刺时会有烧灼感），尿崩症（抗利尿激素），昼夜节律性和体温的调节等。

病例 20：

女性，13 岁，出生时正常，婴儿期未患过严重疾病，幼年生长发育正常。近来身高、体重均较同龄者低。智力发育正常。8 岁时发生过顽固性多尿，伴有烦渴。当时给予垂体后叶加压素（Pitressin），有显著疗效。检查时发现：身高、体重都比同龄者低下，营养不良，无色素沉着和皮下肿物。外生殖器婴儿型。视神经盘（乳头）稍微苍白，完全双颞侧偏盲。颅侧位 X 线显示蝶鞍增大，鞍背有侵蚀。

诊断：垂体瘤

患者的眼底视神经盘苍白（这是因为视交叉部被压迫，视神经萎缩所致）、X 线显示骨质侵蚀以及双眼颞侧视野偏盲，请考虑什么部位可能有肿瘤发生？此患者手术中发现一肿物，压迫了视交叉，也侵犯了漏斗和灰结节。

人体的生物节律/生物钟。

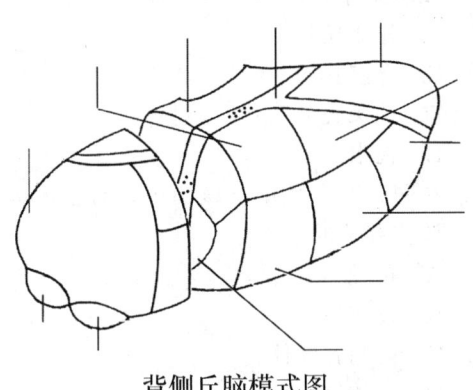

背侧丘脑模式图

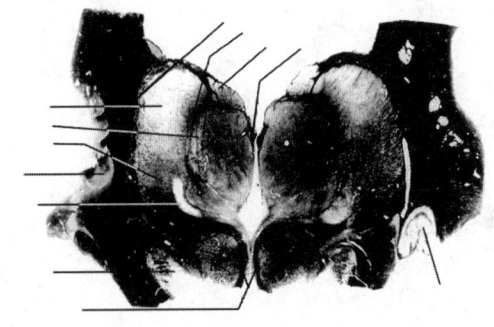

一、名词解释

1. 内髓板
2. 丘脑中央辐射
3. 丘脑髓纹

二、填空题

1. 丘脑的前端背面隆起，称为_____；后端膨大，称为_____；内侧面参与构成第三脑室侧壁的上份，其下缘以一前后走向的_____沟与下丘脑分界。

2. 丘脑背侧面和内侧面交界处有一束纵行纤维，称为_____，它向后进入缰三角。左、右缰三角间为_____，它的后方连有_____。

3. 间脑的室腔称为_____，它后通_____；向前外侧经_____与_____相通。背侧丘脑的外侧核群可分为背、腹两层，腹层的核团从前向后分别是_____、_____和_____。

4. 背侧丘脑的腹后核可分为_____和_____，它们发出纤维投射至_____。背侧丘脑的腹外侧核和腹前核主要接受_____、_____和_____的纤维，发出纤维至_____。

三、选择题

【A 型题】

1. 背侧丘脑内接受三叉丘系纤维的核团是

A. 腹前核
B. 腹外侧核

C. 腹后外侧核
D. 腹后内侧核
E. 前核

2. 松果体属于
   A. 上丘脑
   B. 背侧丘脑
   C. 后丘脑
   D. 下丘脑
   E. 底丘脑

3. 下丘脑的前界是
   A. 前连合
   B. 终板
   C. 视交叉
   D. 前连合和视交叉
   E. 视交叉和终板

【B 型题】

(1～3 题共用备选答案)
   A. 松果体
   B. 视交叉
   C. 枕
   D. 外侧膝状体
   E. 底丘脑

1. 属下丘脑的是
2. 属背侧丘脑的是
3. 属后丘脑的是

(4～5 题共用备选答案)
   A. 下丘脑
   B. 下丘
   C. 上丘脑
   D. 上丘
   E. 外侧膝状体

4. 主要是视听反射中枢，完成由光、声音所引起的反射活动的是
5. 发出轴突组成视辐射的是

【X 型题】

1. 腹后外侧核接受的纤维来自
   A. 内侧丘系
   B. 外侧丘系
   C. 脊髓丘系
   D. 三叉丘系
   E. 视束

2. 在间脑特异性中继核团中，与躯体运动的调节有关的是
   A. 前核
   B. 腹前核
   C. 内侧膝状体
   D. 外侧膝状体
   E. 腹外侧核

3. 与分泌加压素和催产素有关的核团是
   A. 乳头体核
   B. 室旁核
   C. 视交叉上核
   D. 视上核
   E. 漏斗核

四、问答题

1. 间脑可分为哪几个部分？简述间脑特异性中继核的纤维联系。

选择题参考答案

A 型题：
1. D   2. A   3. E

B 型题：
1. B   2. C   3. D   4. D   5. E

X 型题：
1. AC   2. BE   3. BD

四、端脑

1. **位置及外部形态**：大脑位于间脑、小脑和脑干的上面，借**大脑纵裂**分为左、右大脑半球，两者间以横行的纤维束——**胼胝体**相连，每侧的大脑半球分上外侧面、内侧面和底面。借**大脑横裂**与小脑相邻。

（1）**大脑半球上的沟**：中央沟、外侧沟和顶枕沟，额上/下沟、距状沟、枕颞沟、扣带沟等。

（2）**大脑半球分叶**：额叶、顶叶、枕叶、颞叶、岛叶（脑岛）。

（3）**大脑半球上的主要脑回**：

	主要脑回
额叶	中央前回，额上/中/下回，中央旁小叶前部，嗅球、嗅束、嗅三角、直回、眶回
顶叶	中央后回、中央旁小叶后部、缘上回和角回（语言中枢），顶上小叶
颞叶	枕颞内/外侧回，颞上/中/下回、颞横回、海马旁回、钩、海马、齿状回
枕叶	距状沟两侧的皮质，楔叶，舌回，扣带回
岛叶	岛长回，岛短回

脑挫伤

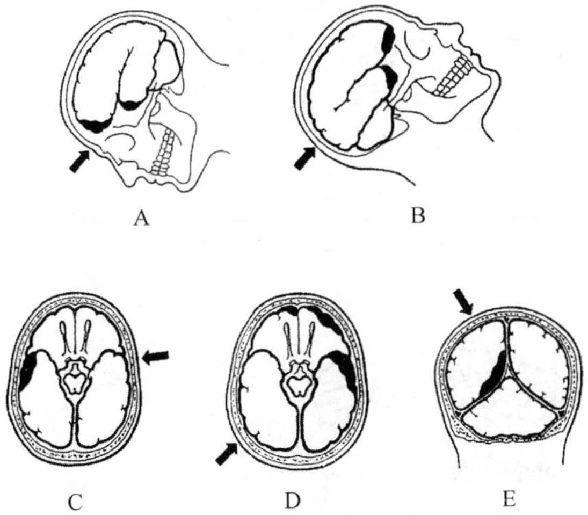

箭头表示外力作用点及方向，黑色区域示脑挫伤的部位：
A. 额部损伤可致额叶和颞叶挫伤；
B. 枕部损伤可致额叶和颞叶挫伤；
C. 由于对侧损伤，可致颞叶挫伤；
D. 由于对侧颞枕区损伤，可致颞叶挫伤；
E. 由于顶部遭受打击，可致广泛的颞枕叶内侧挫伤。

2. 内部结构

（1）**侧脑室**：位于左、右大脑半球的内部，为一对不规则腔隙，内含**脑脊液**和产生脑脊液的**脉络丛**。分前角、中央部、后角和下角。

（2）**基底核**：位于大脑半球的底部，深埋于白质中。包括**尾状核**、**豆状核（壳和苍白球）**、**杏仁体**、**屏状核**。

☆☆**纹状体**：新纹状体（尾状核和壳）、旧纹状体（苍白球）。

（3）大脑髓质：

{ ①连合纤维：胼胝体、前连合、穹窿连合
②联络纤维：上、下纵束，钩束，扣带
③投射纤维：内囊 }

☆☆**内囊**（internal capsule）：在脑的水平切面上，内囊是位于尾状核、豆状核、背侧丘脑之间，呈尖向内侧的"V"字形的白质板。可分**内囊前脚/肢**、**内囊膝**（皮质核束）和**内囊后脚/肢**（皮质脊髓束、丘脑中央辐射、听辐射、视辐射）三部分。内囊处集聚了所有出入大脑半球的纤维束。

临床意义：内囊损伤可造成"三偏综合征"，即对侧偏身感觉丧失、对侧肢体运动丧失（偏瘫）、双眼对侧视野偏盲。

（4）大脑皮质的分区及功能定位：

大脑皮质		功能定位
第Ⅰ躯体运动区		中央前回和中央旁小叶的前部（4、6区）
第Ⅰ躯体感觉区		中央后回和中央旁小叶的后部（3、1、2区）
视区（视觉中枢）		距状沟两侧的皮质（17区）
听区（听觉中枢）		颞横回（41、42区）
语言中枢	运动性语言中枢	额下回的后部（44、45区）
	书写中枢	额中回的后部（8区）
	视觉性语言中枢	角回（39区）
	听觉性语言中枢	颞上回的后部（22区）

（5）边缘系统。

病例21：

男，62岁，在观看足球赛中突然晕倒，意识丧失2天。意识恢复时，右侧上、下肢瘫痪。6周后检查发现右上、下肢痉挛性瘫痪，腱反射亢进，吐舌时偏向右侧，无萎缩。右侧眼裂以下面瘫。整个右半身的各种感觉缺损程度不一。但位置觉、振动觉和两点辨别性触觉全部丧失，温度觉有些丧失，痛觉未受影响。瞳孔对光反射正常，但患者两眼视野右侧半缺损。

诊断：左侧内囊出血

右上、下肢痉挛性瘫痪表明上运动神经元损伤症状；因舌麻痹而不萎缩，面下部亦麻痹，表

明皮质脊髓束和皮质核束都受损伤。位置、振动和辨别性触觉的存在要求后索至大脑皮质这条通路必须完整，而痛觉可在背侧丘脑水平感知。两眼视野右侧半缺陷，发生在左侧视束以下受损。

病例 22：

女，20岁，18岁时曾患亚急性细菌性心内膜炎，用大量青霉素治疗了 6 周。8 个月前，忽然晕倒，神志不清约 1 小时。当意识恢复后，仍意识模糊 5～6 天，不能说话。检查发现：右上肢痉挛性瘫痪，随意运动消失，无肌萎缩。右眼裂以下面肌麻痹，吐舌时舌尖伸向右侧，无萎缩。右下肢和左上、下肢无改变。无视觉和躯体感觉障碍，唇、舌能够运动，但不能说出规则的语言，问话时，只能回答简单的几个字，如"是"或"不是"。

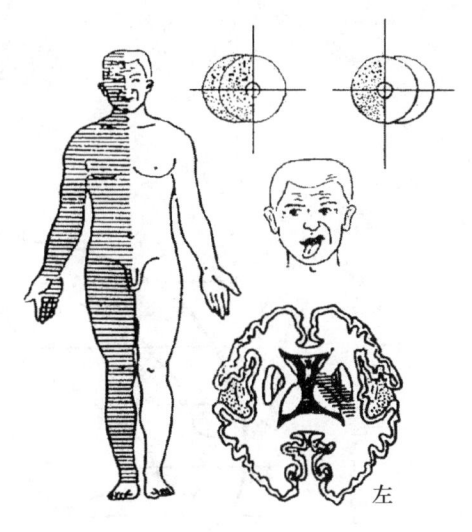

诊断：运动性失语症

患者右上肢痉挛性瘫痪，意味着上运动神经元损伤。右侧眼裂以下面瘫和舌肌麻痹也支持上运动神经元损伤（右图）。患者右上肢瘫痪而右下肢完好，推测病变可能在大脑皮质吗？这样定位与运动性失语症是相符的，优势半球的 Broca 区在中央前回的前下方，这是由于供应此区的大脑中动脉的分支血栓所致。患者有心内膜炎的病史，故此栓子是常见的。

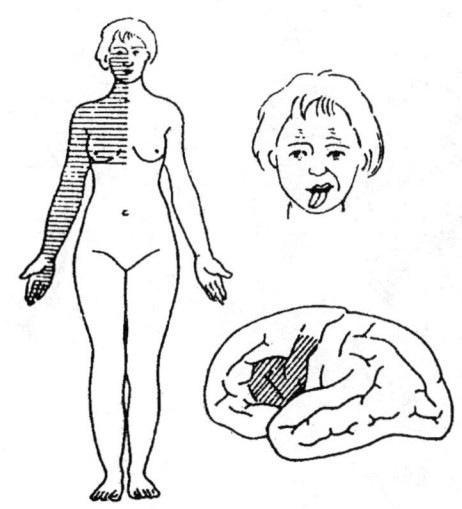

图解：左大脑半球上示病变区域，右上肢痉挛性瘫痪，右侧面下部和舌肌麻痹。

人体为何区分左、右利手？如何开发右脑？

第十六章 中枢神经系统

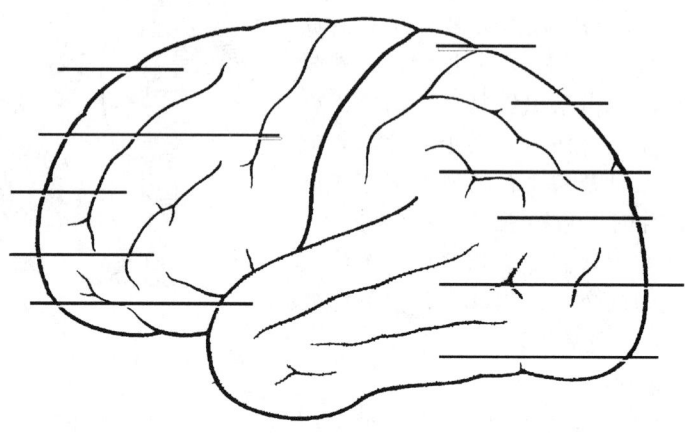

端脑上外侧面

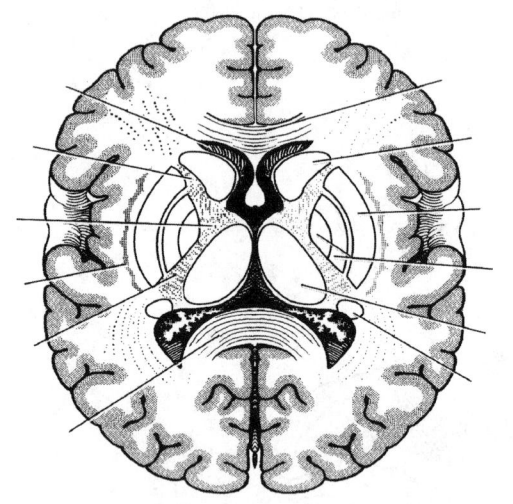

端脑经内囊横断面

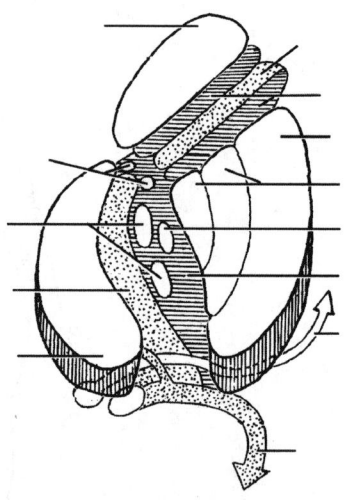

内囊模式图

一、名词解释

1. 海马结构
2. 基底核
3. 纹状体
4. Broca 区
5. 边缘系统

二、填空题

1. 大脑半球背外侧面，顶下小叶分为两部分：包绕颞上沟末端的脑回为_____；包绕外侧沟后端的脑回称为_____。颞上回转入外侧沟的下壁上，有两个横行的脑回为_____。

2. 新纹状体主要接受来自_____和_____的纤维，传出纤维一部分返回_____，主要终于_____。

3. Brodmann 分区法将大脑皮质分为_____区。按 Brodmann 分区法，第Ⅰ躯体感觉区位于_____区；视区位于_____区；听区位于_____区。

4. 第Ⅰ躯体运动区位于 Brodmann _____区和_____区，其第_____层的_____细胞的轴突是锥体束中最粗大的纤维，支配精细的随意运动。

5. 大脑髓质可分为三类纤维，即_____、_____和_____。其中连接两侧半球最大的纤维束称_____。

三、选择题

【A 型题】

1. 新纹状体是指
   A. 尾状核
   B. 豆状核
   C. 尾状核和豆状核
   D. 尾状核和壳
   E. 尾状核和苍白球

2. 与黑质有往返纤维联系的核团是
   A. 旧纹状体
   B. 新纹状体
   C. 杏仁体
   D. 乳头体
   E. 屏状核

3. 内囊位于
   A. 豆状核、尾状核和纹状体之间
   B. 豆状核、尾状核和壳之间
   C. 豆状核、尾状核和背侧丘脑之间
   D. 豆状核、背侧丘脑和苍白球之间
   E. 尾状核、背侧丘脑和新纹状体之间

4. 第Ⅰ躯体运动区中与下肢的运动有关的部位是
   A. 中央前回的下部和中央旁小叶前部
   B. 中央前回的下部和中央旁小叶后部
   C. 中央前回的上部和中央旁小叶前部
   D. 中央前回的上部和中央旁小叶后部
   E. 中央前回的中部和中央旁小叶后部

【B 型题】

（1～3 题共用备选答案）
A. 尾状核
B. 豆状核
C. 屏状核
D. 杏仁体
E. 苍白球

1. 位于海马旁回钩深方的核是
2. 仅属旧纹状体的核是
3. 全长都与侧脑室相邻的核是

（4～7 题共用备选答案）
A. 距状沟两侧皮质
B. 颞上回后部皮质
C. 角回
D. 颞横回皮质
E. 缘上回皮质

4. 视区位于
5. 视觉性语言中枢位于
6. 听区位于
7. 听觉性语言中枢位于

（8～9 题共用备选答案）
A. 失读症
B. 失写症
C. 感觉性失语症
D. 运动性失语症
E. 舌肌瘫痪

8. Broca 区损伤可发生
9. 额中回后部损伤可发生

【X型题】

1. 属于海马结构的是
   A. 海马旁回
   B. 钩
   C. 齿状回
   D. 扣带回
   E. 海马
2. 经过内囊后脚及后脚后部的纤维是
   A. 丘脑中央辐射
   B. 皮质脊髓束
   C. 皮质红核束
   D. 视辐射
   E. 听辐射
3. 第Ⅰ躯体运动区主要接受的传入纤维是来自
   A. 中央后回
   B. 背侧丘脑腹外侧核
   C. 背侧丘脑腹前核
   D. 背侧丘脑腹后外侧核
   E. 脑桥核

四、问答题

1. 简述端脑的分叶，及各叶中的主要沟、回。简述大脑皮质躯体运动和躯体感觉、视觉、听觉、语言中枢的部位。
2. 内囊可分为哪几部分？简述内囊各部的位置及通行的重要纤维束。若一侧内囊损伤，患者会出现哪些功能障碍？（2007年北京大学医学部8年制）
3. 根据解剖学知识，左侧大脑中动脉栓塞患者可能出现哪些功能障碍？

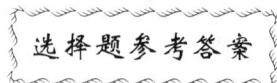

A 型题：
1. D   2. B   3. C   4. C

B 型题：
1. D   2. E   3. A   4. A   5. C   6. D   7. B   8. D   9. B

X 型题：
1. CE   2. ABCDE   3. ABCD

第十七章 周围神经系统

第一节 脊神经

脊神经与脊髓相连,有 **31** 对,均为混合性神经,有**四种纤维成分**(躯体感觉、运动,内脏感觉、运动),分**五种神经**(颈神经 $C_{1\sim 8}$、胸神经 $T_{1\sim 12}$、腰神经 $L_{1\sim 5}$、骶神经 $S_{1\sim 5}$、尾神经 Co_1)。每一对脊神经有**前、后两根**,又分**前支、后支**等 4 支,其前支组成**颈丛、臂丛、腰丛、骶丛**。

1. 神经丛:

	组成	位置	分布范围	主要的神经
颈丛	$C_{1\sim 4}$前支	胸锁乳突肌上部的深面	头颈部、膈、纵隔等处	膈神经、锁骨上神经
臂丛	$C_{5\sim 8}$和 T_1 前支	穿斜角肌间隙,在腋动脉的周围	上肢	正中、尺、肌皮、桡、腋神经
胸神经	$T_{1\sim 12}$前支	肋间隙	胸腹壁,胸、腹膜	肋间神经、肋下神经
腰丛	T_{12}、$L_{1\sim 4}$前支	腰大肌的深面	下肢的前内侧	股神经、闭孔神经
骶丛	$L_{4,5}$、$S_{1\sim 5}$、Co_1前支	小骨盆骶骨和梨状肌的前面	臀部,下肢后面	坐骨神经、阴部神经

2. **各神经丛中的主要神经**:

神经	神经丛	组成	性质	分布
膈神经	颈丛	$C_{3\sim 5}$前支	混合性	运动纤维支配膈,感觉纤维分布于心包、胸膜、膈下的腹膜
正中神经	臂丛	$C_5\sim T_1$前支	混合性	运动纤维支配大部分的前臂前群肌和部分手肌,感觉纤维分布于手掌桡侧 2/3、桡侧 3 个半手指掌面和中、远节背面的皮肤
尺神经	臂丛	$C_7\sim T_1$前支	混合性	运动纤维支配尺侧腕屈肌、指深屈肌尺侧半和部分手肌,感觉纤维分布于手掌尺侧 1/3、尺侧 1 个半手指掌面和手背尺侧 2 个半指的皮肤
桡神经		$C_5\sim T_1$前支	混合性	运动纤维支配上肢背侧的肌肉,感觉纤维分布于上肢背侧皮肤、手背桡侧半和桡侧 2 个半手指的皮肤。
肋间神经		$T_{1\sim 12}$前支	混合性	分布有节段性:胸骨角——T_2,男性乳头——T_4,剑突——T_6,肋弓——T_8,脐——T_{10},脐与耻骨联合中点——T_{12}
股神经	腰丛	$L_{2\sim 4}$	混合性	运动纤维支配大腿前群肌,感觉纤维分布于大腿前面、小腿内侧面、足内侧缘的皮肤
坐骨神经	骶丛	$L_4\sim S_3$	混合性	运动纤维支配大腿后群肌、小腿后群肌和足底肌(胫神经)、腓骨长、短肌(腓浅神经)、小腿前群肌和足背肌(腓深神经);感觉纤维分布于下肢后面及足背、趾背的皮肤

第十七章 周围神经系统

病例 23：
　　女，25 岁，因交通事故造成肱骨中部骨折，急诊就医。来院查体：未见明显的皮肤伤口，臂中部有明显的向外上方的成角畸形。患者伸肘、伸腕和伸指障碍，"虎口"区皮肤感觉障碍。X 线片显示：肱骨干骨折。诊断：肱骨干骨折合并桡神经损伤。
　　思考：肱骨干骨折为何易损伤桡神经？桡神经损伤后的表现？如何治疗？

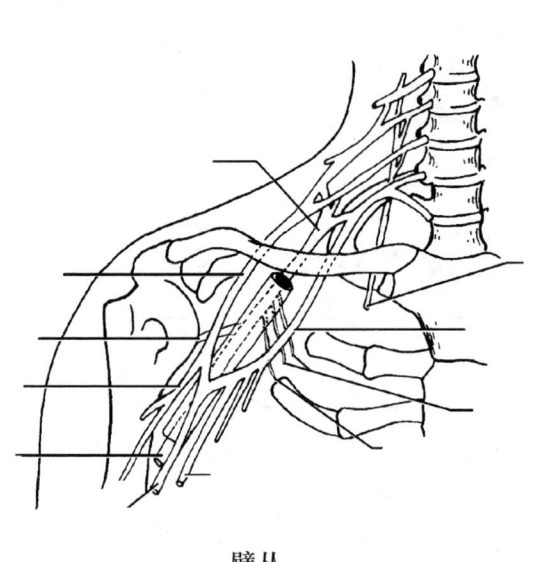

臂丛

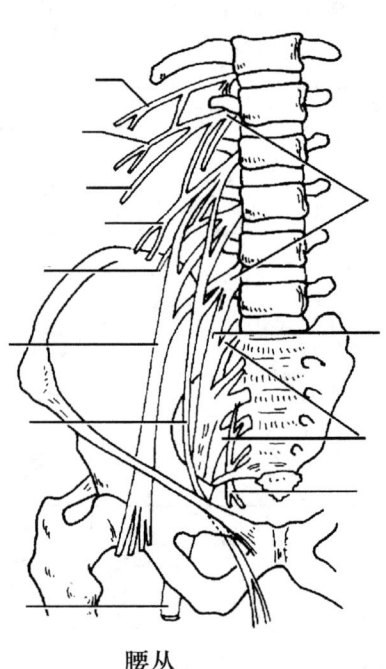

腰丛

一、名词解释

1. 脊神经节
2. 臂丛
3. 腰骶干

第十七章 周围神经系统

二、填空题

1. 在椎间孔处脊神经有重要毗邻关系，其前方是_____和_____，其后方是_____和_____。
2. 臂丛由_____和_____组成，自_____间隙穿出。
3. 支配前锯肌的神经是_____，支配背阔肌的神经是_____，而三角肌由_____支配。
4. 肌皮神经的肌支支配_____、_____和_____；皮支分布于_____。
5. 胸神经前支的分布保持明显的节段性。一般常以下述标志确定神经的节段：男性乳头平面相当_____，剑突平面相当_____，肋弓平面相当_____，而脐与耻骨联合连线的中点平面相当_____。
6. 在作腹股沟疝修补术时，应注意勿损伤_____神经和_____神经，它们分别经_____和_____浅出为皮支。
7. 腋神经自臂丛发出后与_____血管伴行，穿经_____孔，绕肱骨_____至三角肌。
8. 坐骨神经经_____出骨盆，在臀大肌深面，经_____和坐骨结节之间下降至大腿后面，在腘窝上角稍上方分为_____和_____神经。
9. 阴部神经经_____出骨盆，绕_____经坐骨小孔入坐骨直肠窝，其肌支支配_____和会阴诸肌；皮支分布于肛门及_____的皮肤。
10. 支配臀大肌的神经是_____，支配股二头肌的神经是_____，而腓肠肌是由_____支配。

三、选择题

【A 型题】

1. 脊神经的后根
   A. 只含有躯体感觉纤维
   B. 由脊神经节细胞的中枢突组成
   C. 由脊神经节细胞的周围突组成
   D. 由后角细胞的轴突组成
   E. 含自主神经纤维
2. 关于膈神经的描述哪项是**错误**的
   A. 是运动性神经
   B. 经前斜角肌前面下行
   C. 经胸廓上口入胸腔
   D. 除分布到膈外，还分布到胸膜、心包和膈下部分腹膜
   E. 膈神经受损，膈瘫痪，患侧胸腔容积减小
3. 关于臂丛的描述哪项是正确的
   A. 臂丛与锁骨下动脉一起通过斜角肌间隙
   B. 臂丛与锁骨下静脉一起通过斜角肌间隙
   C. 臂丛与锁骨下动、静脉一起通过斜角肌间隙
   D. 臂丛麻醉只可在腋窝处进行
   E. 穿出斜角肌间隙后行于锁骨下动脉下方
4. 尺神经支配的肌是
   A. 肱二头肌
   B. 尺侧腕屈肌
   C. 指浅屈肌
   D. 第 1、2 蚓状肌
   E. 肱桡肌
5. 肱骨中部骨折时，易损伤的神经是
   A. 腋神经
   B. 正中神经
   C. 尺神经
   D. 桡神经
   E. 肌皮神经

6. 受正中神经和尺神经共同支配的肌是
   A. 指浅屈肌
   B. 指深屈肌
   C. 尺侧腕屈肌
   D. 旋前圆肌
   E. 桡侧腕屈肌
7. 损伤后呈现"翼状肩"畸形的神经是
   A. 腋神经
   B. 胸背神经
   C. 胸长神经
   D. 肌皮神经
   E. 桡神经
8. 关于股神经的描述哪项是正确的
   A. 发自骶丛
   B. 经腹股沟管至大腿部
   C. 在大腿根部位于股动脉的外侧
   D. 支配膝关节屈肌
   E. 有分支支配小腿前群肌
9. 支配大腿内收肌群的是
   A. 股神经
   B. 闭孔神经
   C. 坐骨神经
   D. 阴部神经
   E. 隐神经
10. 骶丛
    A. 由第5腰神经和全部骶、尾神经的前支组成
    B. 位于梨状肌的后面
    C. 发出闭孔神经
    D. 皮支分布于大腿前面和小腿内侧面
    E. 发出阴部神经

【B型题】

(1~2题共用备选答案)
   A. 尺神经
   B. 正中神经
   C. 胸背神经
   D. 腋神经
   E. 胸长神经
1. 支配手掌骨间肌的神经是
2. 损伤后肱骨**不能**后伸、内收和内旋的神经是

(3~7题共用备选答案)
   A. 正中神经
   B. 尺神经
   C. 桡神经
   D. 腋神经
   E. 肌皮神经
3. 损伤后出现"垂腕"的神经是
4. 损伤后出现"爪形手"的神经是
5. 损伤后出现"猿手"的神经是
6. 肱骨外科颈骨折容易受损伤的神经是
7. 经腕管入手掌的神经是

(8~9题共用备选答案)
   A. 髂腹下神经
   B. 闭孔神经
   C. 股神经
   D. 胸长神经
   E. 髂腹股沟神经
8. 由皮下环浅出的神经是
9. 支配股薄肌的是

(10~14题共用备选答案)
   A. 胫神经
   B. 腓总神经
   C. 股神经
   D. 隐神经
   E. 坐骨神经
10. 损伤后呈现"马蹄内翻足"畸形的神经是
11. 损伤后呈现"钩状足"畸形的神经是
12. 经内踝后方至足底的神经是
13. 与大隐静脉伴行的神经是
14. 腓骨头骨折容易损伤的神经是

【X型题】

1. 腋神经支配的肌有
   A. 大圆肌
   B. 小圆肌
   C. 前锯肌
   D. 三角肌

E. 胸大肌
2. 分布到手的神经有
   A. 肌皮神经
   B. 正中神经
   C. 尺神经
   D. 桡神经
   E. 腋神经
3. 经梨状肌下孔走行的神经有
   A. 阴部神经
   B. 坐骨神经
   C. 股神经
   D. 臀下神经
   E. 闭孔神经
4. 腓总神经损伤可能出现
   A. 足内翻
   B. 足外翻
   C. 足下垂
   D. 趾不能伸
   E. 呈马蹄内翻足畸形

四、问答题

1. 肱骨中段骨折时易损伤什么神经？该神经损伤后的主要表现是什么？
2. 试述腓总神经的分支和分布、损伤后的主要表现。

选择题参考答案

A 型题：
1. B   2. A   3. A   4. B   5. D   6. B   7. C   8. C   9. B   10. E

B 型题：
1. A   2. C   3. C   4. B   5. A   6. D   7. A   8. E
9. B   10. B   11. B   12. A   13. D   14. B

X 型题：
1. BD   2. BCD   3. ABD   4. ACDE

我有感觉了……

第二节　脑神经

1. 纤维成分

   感觉 { 躯体感觉 { 一般躯体感觉纤维 / 特殊躯体感觉纤维（视觉、听觉、平衡觉）
         内脏感觉 { 一般内脏感觉纤维 / 特殊内脏感觉纤维（嗅觉、味觉）

   运动 { 躯体运动
         内脏运动 { 一般内脏运动纤维（副交感纤维）/ 特殊内脏运动纤维（支配鳃弓衍化的横纹肌）

2. 十二对脑神经性质、纤维成分、相应的核、进出颅腔处：

脑神经	与脑相连	分支	性质	纤维成分	相应的核	进出颅腔处
嗅神经	端脑		感觉性	特殊内脏感觉		筛板的筛孔
视神经	间脑		感觉性	特殊躯体感觉	外侧膝状体	视神经管
动眼神经	中脑		运动性	躯体运动	动眼神经核	眶上裂
				一般内脏运动	动眼神经副核	
滑车神经	中脑		运动性	躯体运动	滑车神经核	眶上裂
三叉神经	脑桥	眼神经	混合性	一般躯体感觉	三叉神经脊束核	眶上裂
		上颌神经		一般躯体感觉	三叉神经脑桥核	圆孔
		下颌神经		一般躯体感觉	三叉神经中脑核	卵圆孔
				特殊内脏运动	三叉神经运动核	
展神经	脑桥		运动性	躯体运动	展神经核	眶上裂
面神经	脑桥		混合性	特殊内脏感觉	孤束核—味觉	茎乳孔、内耳门
				一般内脏运动	上泌涎核	
				特殊内脏运动	面神经核	
前庭蜗神经	脑桥	前庭神经	感觉性	特殊躯体感觉	前庭神经核	内耳门
		蜗神经		特殊躯体感觉	蜗神经核	内耳门
舌咽神经	延髓		混合性	一般躯体感觉	三叉神经脊束核	颈静脉孔
				一般内脏感觉	孤束核	
				特殊内脏感觉	孤束核—味觉	
				一般内脏运动	下泌涎核	
				特殊内脏运动	疑核	
迷走神经	延髓		混合性	一般躯体感觉	三叉神经脊束核	颈静脉孔
				一般内脏感觉	孤束核	
				一般内脏运动	迷走神经背核	
				特殊内脏运动	疑核	
副神经	延髓		运动性	特殊内脏运动	疑核、副神经核	颈静脉孔
舌下神经	延髓		运动性	躯体运动	舌下神经核	舌下神经管

3. 十二对脑神经分布及损伤后表现：

脑神经	分支	纤维成分	相应的核	分布	损伤后表现
嗅神经		特殊内脏感觉		鼻腔嗅黏膜	嗅觉障碍
视神经		特殊躯体感觉	外侧膝状体	眼球视网膜	视觉障碍
动眼神经		躯体运动	动眼神经核	上/下/内直肌，下斜肌，上睑提肌	眼外斜视，上睑下垂
		一般内脏运动	**动眼神经副核**	瞳孔括约肌、睫状肌	对光及调节反射消失
滑车神经		躯体运动	滑车神经核	上斜肌	眼不能外下斜视
三叉神经	眼神经	一般躯体感觉	三叉神经脊束核	头面部皮肤，口腔	感觉障碍
	上颌神经	一般躯体感觉	三叉神经脑桥核		
	下颌神经	一般躯体感觉	三叉神经中脑核		
		特殊内脏运动	**三叉神经运动核**	咀嚼肌、镫骨肌	咀嚼肌瘫痪
展神经		躯体运动	展神经核	外直肌	眼内斜视
面神经		特殊内脏感觉	孤束核—味觉	舌前 2/3 味蕾	味觉障碍
		一般内脏运动	上泌涎核	泪腺、下颌下腺、舌下腺及鼻腔和腭的腺体	分泌障碍
		特殊内脏运动	**面神经核**	面部表情肌、颈阔肌、茎突舌骨肌、二腹肌后腹	额纹消失、眼不能闭合，口角歪向健侧，鼻唇沟变浅
前庭蜗神经	前庭神经	特殊躯体感觉	前庭神经核	平衡器的半规管、壶腹嵴、球囊斑和椭圆囊斑	眩晕、眼球震颤等
	蜗神经	特殊躯体感觉	蜗神经核	耳蜗螺旋器	听力障碍
舌咽神经		一般躯体感觉	三叉神经脊束核	耳后皮肤	
		一般内脏感觉	孤束核	咽、鼓室、咽鼓管、软腭、舌后 1/3 的黏膜颈动脉窦、颈动脉球	咽后与舌后 1/3 感觉障碍、咽反射消失
		特殊内脏感觉	孤束核—味觉	舌后 1/3 味蕾	舌后 1/3 味觉丧失
		一般内脏运动	**下泌涎核**	腮腺	分泌障碍
		特殊内脏运动	**疑核**	茎突咽肌	
迷走神经		一般躯体感觉	三叉神经脊束核	硬脑膜，耳廓及外耳道皮肤	
		一般内脏感觉	孤束核	胸腹腔脏器、咽喉黏膜	
		一般内脏运动	**迷走神经背核**	胸腹腔内脏平滑肌、心肌、腺体	心动过速、内脏活动障碍
		特殊内脏运动	**疑核**	咽喉肌	发音困难、声音嘶哑、发呛、吞咽障碍
副神经		**特殊内脏运动**	**疑核、副神经核**	胸锁乳突肌、斜方肌	一侧胸锁乳突肌瘫痪——头无力转向对侧；斜方肌瘫痪——肩下垂、抬肩无力
舌下神经		躯体运动	舌下神经核	舌内肌和部分舌外肌	舌肌瘫痪、萎缩，伸舌时舌尖偏向患侧

4. 与大唾液腺的开口及有关的脑神经及核

大唾液腺	开口位置	脑神经核	有关的脑神经
腮腺	平对上颌第二磨牙的颊黏膜	下泌涎核	舌咽神经
下颌下腺	舌下阜	上泌涎核	面神经
舌下腺	舌下阜、舌下襞	上泌涎核	面神经

12 对脑神经记忆口诀：
　　Ⅰ 嗅　Ⅱ 视　Ⅲ 动眼（嗅神经、视神经、动眼神经，）
　　滑车　三叉　Ⅵ 外展（滑车神经、三叉神经、展神经，）
　　Ⅶ 面　Ⅷ 听　Ⅸ 舌咽（面神经、前庭蜗神经、舌咽神经，）
　　迷走　副　舌下神经全（迷走神经、副神经、舌下神经。）

脑神经实习记忆口诀：（颈部深层脑神经的寻找方法）
　　大大扁扁是迷走（神经），梭状膨大是交感（颈上神经节）；动脉（颈内和颈外动脉）前方找舌下（神经），不成干的是舌咽（神经）。

病例 24：

女，55 岁，患者因左侧面部阵发性刀割样剧烈疼痛半年来院就诊。患者近半年来每于触摸左鼻翼便引起疼痛发作，以致不敢洗脸。疼痛范围包括眶下及耳前、下颌区，每次发作约 5 分钟，一日发作 4～5 次，且疼痛渐加重，发作间隔渐缩短，发作频率日渐增加。临床神经系统检查未见异常，头颅 CT 检查正常。

诊断：原发性三叉神经痛

该患者应为三叉神经第二、三支疼痛。三叉神经痛为在该神经分布区内发生骤然闪电式的剧烈疼痛，疼痛常在刺激某个固定部位时发作，该部位称为扳机点，此患者的鼻翼即扳机点。目前尚未找到该病的确切病因，应当注意千万不可随意诊断此病，以免延误继发性三叉神经痛病人的治疗。

病例 25：

男，56 岁，主诉：左耳下肿块发现半年，近 3 个月肿块生长迅速并伴有左眼闭合困难。临床检查：左腮腺有一 4cm×6cm 肿物，肿物界限不清，质较硬，不易活动。左额纹消失，左眼闭合不全，左角膜溃疡。试分析上述症状及体征。

诊断：左腮腺恶性肿瘤

该患者的瘤细胞侵犯了面神经颞支和颧支，导致由其支配的表情肌（额肌和眼轮匝肌）功能障碍而发生同侧额纹消失和眼睑闭合障碍。由于眼睑闭合障碍，无法保护角膜，以致形成角膜溃疡。

　　结合面神经瘫痪探讨神经再生。

轻松图格

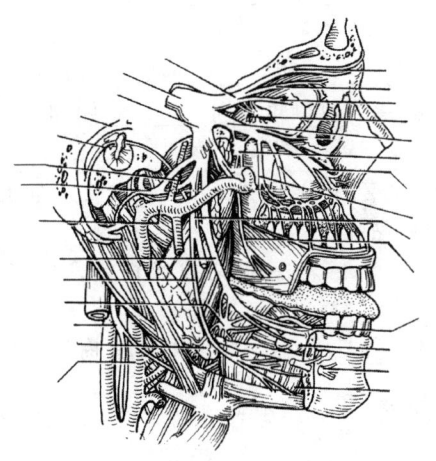

三叉神经

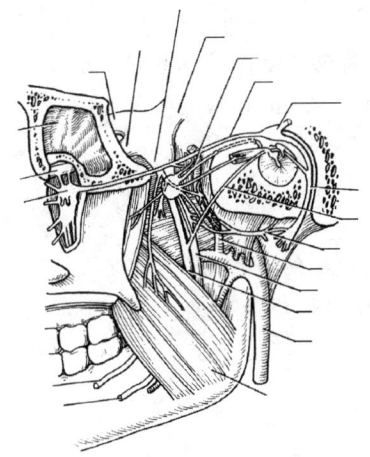

面神经

脑神经与颅底

轻松应试

一、名词解释

1. 翼腭神经节
2. 膝神经节
3. 鼓索
4. 喉返神经

第十七章　周围神经系统

二、填空题

1. 动眼神经为运动性神经，其主要成分为＿＿＿＿，支配大部分眼球外肌；另一种运动纤维是＿＿＿＿，在视神经外侧的睫状神经节换元，后者发纤维至眼球内的＿＿＿＿和＿＿＿＿。
2. 三叉神经三个大分支的名称为＿＿＿＿、＿＿＿＿和＿＿＿＿，它们依次经＿＿＿＿、＿＿＿＿、＿＿＿＿进出颅腔。
3. 面神经中的副交感节后纤维支配＿＿＿＿、＿＿＿＿和＿＿＿＿的分泌活动。
4. 腮腺手术时，若损伤了面神经的主干，患者会出现口角歪向＿＿＿＿侧和＿＿＿＿侧鼻唇沟变浅。
5. 喉上神经是迷走神经在颈部的最主要的分支，它又分为内、外两个分支。喉上神经外支支配＿＿＿＿；内支穿＿＿＿＿分布于＿＿＿＿的喉黏膜。
6. 副神经的脊髓根纤维支配＿＿＿＿和＿＿＿＿。若一侧副神经损伤，患者头不能向＿＿＿＿侧回旋和向＿＿＿＿侧侧屈。
7. 舌下神经经＿＿＿＿出颅，支配＿＿＿＿和＿＿＿＿。一侧舌下神经损伤，伸舌时，舌尖偏向＿＿＿＿侧。

三、选择题

【A 型题】

1. 视神经
   A. 由感光细胞的突起组成
   B. 传导眼球的一般躯体感觉
   C. 经眶上裂入眶
   D. 连于端脑
   E. 起自视网膜节细胞
2. 关于上颌神经的描述**错误**的是
   A. 只含感觉纤维
   B. 经海绵窦
   C. 经圆孔至颅外
   D. 有分支分布于眼裂与口裂之间的面部皮肤
   E. 终支为眶下神经
3. 面神经
   A. 与延髓相连
   B. 经棘孔至颅外
   C. 控制泪腺的分泌活动
   D. 副交感纤维在膝神经节内换元
   E. 味觉纤维胞体位于下颌下神经节内
4. 支配腮腺分泌活动的神经是
   A. 面神经
   B. 迷走神经
   C. 舌咽神经
   D. 耳颞神经
   E. 上颌神经
5. 关于迷走神经的描述哪项是**错误**的
   A. 是分布范围最广的脑神经
   B. 为含有副交感纤维的混合性神经
   C. 一般内脏运动纤维分布至全部胸、腹腔脏器
   D. 支配喉肌的运动
   E. 主干经颈静脉孔至颅外
6. 喉返神经
   A. 与甲状腺下动脉交叉
   B. 左侧绕左锁骨下动脉返回颈部
   C. 在颈部沿食管前方上行
   D. 属于副交感神经
   E. 只含支配喉肌运动的纤维
7. 副神经
   A. 全部发自脊髓
   B. 只支配胸锁乳突肌
   C. 经枕骨大孔出颅
   D. 一侧损伤，患者头不能向患侧回旋和向健侧侧屈
   E. 伤侧肩下垂，提肩无力
8. 舌下神经
   A. 经枕骨大孔出颅
   B. 有分支分布于舌前 2/3 黏膜的味蕾

C. 其节前纤维在下颌下神经节内换元
D. 支配舌肌运动
E. 为混合性神经
9. 右侧舌下神经受损伤，结果导致
   A. 右侧半舌黏膜感觉丧失
   B. 伸舌时舌尖偏向右侧
   C. 右侧半舌味觉障碍
   D. 左侧半舌肌萎缩
   E. 舌下腺分泌障碍

【B 型题】

(1～3 题共用备选答案)
   A. 下斜肌
   B. 上斜肌
   C. 前斜角肌
   D. 甲杓肌
   E. 斜方肌
1. 滑车神经支配
2. 迷走神经支配
3. 副神经支配

(4～6 题共用备选答案)
   A. 动眼神经
   B. 滑车神经
   C. 展神经
   D. 眼神经
   E. 副神经
4. 损伤后患侧眼呈现向内斜视的神经是
5. 损伤后患侧眼**不能**缩小瞳孔的神经是
6. 与角膜反射有关的神经是

(7～8 题共用备选答案)
   A. 迷走神经
   B. 三叉神经
   C. 舌咽神经
   D. 面神经
   E. 舌下神经
7. 支配颈阔肌运动的神经是
8. 支配颏舌肌运动的神经是

(9～10 题共用备选答案)
   A. 舌神经
   B. 舌下神经
   C. 舌咽神经
   D. 迷走神经
   E. 面神经
9. 分布于颈动脉窦和颈动脉小球的神经是
10. **不含**副交感纤维的神经是

【X 型题】

1. 穿经眶上裂的结构是
   A. 视神经
   B. 眼神经
   C. 动眼神经
   D. 滑车神经
   E. 展神经
2. 支配眼外肌运动的神经有
   A. 动眼神经
   B. 眼神经
   C. 滑车神经
   D. 展神经
   E. 眶下神经
3. 分布至眼球的神经有
   A. 动眼神经
   B. 三叉神经
   C. 滑车神经
   D. 交感神经
   E. 视神经
4. 分布至舌的神经有
   A. 三叉神经
   B. 面神经
   C. 舌咽神经
   D. 迷走神经
   E. 舌下神经
5. 经颈静脉孔出颅的神经有
   A. 下颌神经
   B. 舌咽神经
   C. 迷走神经
   D. 副神经
   E. 舌下神经
6. 面神经
   A. 经茎乳孔出颅
   B. 控制泪腺的分泌
   C. 支配面肌
   D. 支配咀嚼肌

E. 分布至面部皮肤
7. 含有一般躯体运动纤维的神经有
   A. 动眼神经
   B. 三叉神经
   C. 滑车神经
   D. 面神经
   E. 舌下神经
8. 含有特殊内脏运动纤维的神经有
   A. 迷走神经
   B. 三叉神经
   C. 面神经
   D. 舌咽神经
   E. 副神经
9. 含有一般内脏运动纤维的神经有
   A. 动眼神经
   B. 三叉神经
   C. 面神经
   D. 舌咽神经
   E. 迷走神经

四、问答题

1. 写出各对脑神经的名称、序号、出入脑及颅的部位、分布及损伤症状。

2. 简述：单纯感觉/单纯运动/混合性脑神经有哪些？与中脑/脑桥/延髓相连的脑神经有哪些？与三叉神经/面神经/舌咽神经/迷走神经有关的脑神经核有哪些？与眶上裂/海绵窦有关的脑神经有哪些？与内耳门/颈静脉孔有关的脑神经有哪些？与疑核有关的脑神经有哪些？与咽喉肌/眼外肌有关的脑神经有哪些？含有一般内脏运动（副交感神经）纤维成分的脑神经有哪些？含有特殊内脏运动纤维成分的脑神经有哪些？

3. 三叉神经节、膝神经节、睫状神经节、耳神经节、翼腭神经节、下颌下神经节、上/下神经节的位置和性质？

4. 面神经在面神经管内损伤会出现哪些功能障碍？为什么？

选择题参考答案

A 型题：
1. E 2. B 3. C 4. C 5. C 6. A 7. E 8. D 9. B

B 型题：
1. B 2. D 3. E 4. C 5. A 6. D 7. D 8. E 9. C 10. B

X 型题：
1. BCDE 2. ACD 3. ABCDE 4. ABCE 5. BCD 6. ABC 7. ACE
8. ABCDE 9. ACDE

第三节　内脏神经系统

1. 内脏运动神经
(1) 交感神经与副交感神经的异同

	交感神经	副交感神经
低级中枢 （节前神经元）	脊髓胸段和腰髓1～3节段的灰质侧角内	动眼神经副核，上、下泌涎核，迷走神经背核，骶副交感核
内脏神经节 （节后神经元）	椎旁节（交感干神经节） 椎前节（腹腔神经节等）	器官旁节（睫状、翼腭、下颌下、耳神经节等） 器官内节
节前纤维	短	长
节后纤维	长	短
分布	广泛	较局限
功能	相互拮抗、协调、统一	
内脏神经丛	心丛，腹腔丛，下腹下丛（盆丛）	

(2) 交感神经节前神经的三去向：
　①终止于相应的椎旁节
　②在交感干内上/下行，终止于高/低位椎旁节
　③穿椎旁节，内脏大、小神经，终止于椎前节。
(3) 交感神经节后神经的三去向：
　①返回脊神经，随神经分支分布
　②随动脉走行分布
　③形成脏支，与副交感神经交织成丛
(4) 副交感神经节：
1) 动眼神经副核→动眼神经→ 睫状神经节 →瞳孔括约肌和睫状肌
2) 上泌涎核→面神经→ 翼腭神经节 →泪腺、鼻腔等处的黏膜腺
　　　　　　　　　　→ 下颌下神经节 →下颌下腺、舌下腺及口腔黏膜腺
3) 下泌涎核→舌咽神经→ 耳神经节 →腮腺
4) 迷走神经背核→ 器官旁节、器官内节 →胸腹腔脏器的平滑肌、腺体、心肌
5) 骶副交感核→ 器官旁节、器官内节 →盆腔脏器的平滑肌、腺体、心肌

2. 内脏感觉神经
　内脏痛的特点：①对切割等刺激不敏感，对脏器痉挛、被牵拉等敏感。
　　　　　　　　②弥散，定位不准确。
　　　　　　　　③牵涉痛：过敏区（Head's zones）。

第十七章 周围神经系统

内脏的牵涉痛与脊髓节段的关系

内脏器官	产生疼痛和感觉过敏区的脊髓节段
膈	C_4
心	$C_8 \sim T_5$
胃	$T_{6\sim10}$
小肠	$T_{7\sim10}$
阑尾	$T_{(8,9)10} \sim L_1$（右侧）
肝、胆囊	$T_{7\sim10}$，可沿膈神经至 $C_{3,4}$
胰	T_8（左侧）
肾、输尿管	$T_{11} \sim L_1$
膀胱	$S_{2\sim4}$（沿副交感神经）及 $T_{11} \sim L_2$
睾丸、附睾	$T_{12} \sim L_3$
卵巢及附件	$L_{1\sim3}$
子宫体	$T_{10} \sim L_1$
子宫颈	$S_{1\sim4}$（沿副交感神经）
直肠	$S_{1\sim4}$

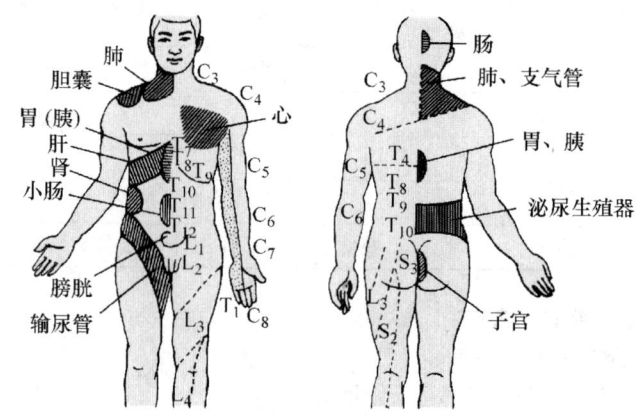

病例 26：

男，71 岁，因持续咳嗽、胸痛 8 个月，右侧上睑不能上抬，右眼球稍内陷，右面部发红、无汗一个月，前来就医。检查：患者右侧瞳孔缩小、眼裂狭窄、眼睑微下垂，右面部发红。胸部 CT 显示，右肺尖 8cm×10cm 实性肿块，边界不清。

诊断：右肺癌晚期并发 Horner 综合征

患者面部的体征及症状为典型的 Horner 综合征（颈交感神经麻痹综合征）的表现。肺癌波及胸腔内的颈交感干，阻断了交感干至颈上神经节的通路，使颈部交感神经麻痹，导致出现米勒肌、瞳孔开大肌功能障碍（上睑下垂，眼裂缩窄，外观似眼球内陷；瞳孔缩小）、支配面部汗腺分泌的交感神经受阻（右面少汗）、支配面部血管收缩的交感神经抑制（血管扩张，面部发红）。

第十七章 周围神经系统

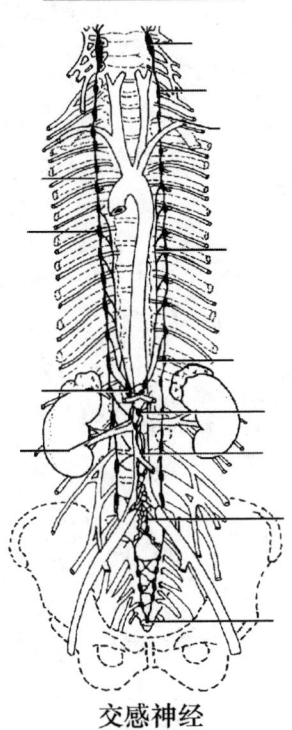

交感神经

一、名词解释

1. 交感干
2. 腰骶干
3. 盆丛
4. 盆内脏神经

二、填空题

1. 位于脑干或脊髓内的内脏运动神经元称_____，其轴突称_____；内脏神经节内的神经元称_____，其轴突称_____。
2. 交感神经的节前神经元胞体位于_____，节后神经元胞体位于_____和_____。
3. 交感干上的胸1交感神经节往往与颈下神经节合并，特称_____或_____。
4. 白交通支见于_____脊神经；灰交通支见于_____脊神经。
5. 自胸髓6~12节段的部分节前纤维，穿过相应的椎旁神经节，组成_____神经，它们分别主要在_____和_____换元，节后纤维加入腹腔丛。
6. 副交感神经的节前神经元胞体位于_____和_____。
7. 副交感神经的节后神经元的胞体位于_____、_____、_____、_____神经节和器官旁节或器官内节。

三、选择题

【A 型题】

1. 交感神经的低级中枢位于
   A. 脑干内
   B. 全部胸髓和上部腰髓的灰质侧角
   C. 骶髓 2～4 节段内
   D. 椎旁神经节
   E. 椎旁神经节和椎前神经节
2. 支配瞳孔开大肌的纤维来自
   A. 动眼神经
   B. 交感神经
   C. 眼神经
   D. 视神经
   E. 副交感神经
3. 内脏大神经中最主要的纤维是
   A. 交感神经节后纤维
   B. 副交感神经节后纤维
   C. 交感神经节前纤维
   D. 副交感神经节前纤维
   E. 特殊内脏运动纤维
4. 直接支配瞳孔括约肌的神经纤维发自
   A. 动眼神经副核
   B. 翼腭神经节
   C. 睫状神经节
   D. 膝神经节
   E. 耳神经节
5. 关于盆内脏神经的描述哪项是**错误**的
   A. 发自全部骶髓
   B. 伴随骶神经出骶前孔
   C. 是副交感神经的节前纤维
   D. 在器官旁节或器官内节中换元
   E. 加入盆丛

【B 型题】

(1～5 题共用备选答案)
A. 翼腭神经节
B. 三叉神经节
C. 耳神经节
D. 下颌下神经节
E. 膝神经节

1. 与舌下腺分泌活动有关的神经节是
2. 与腮腺分泌活动有关的神经节是
3. 与泪腺分泌活动有关的神经节是
4. 与舌前 2/3 黏膜痛觉有关的神经节是
5. 传导味觉的神经元的胞体位于

【X 型题】

1. 属于交感神经节的是
   A. 颈上神经节
   B. 椎旁神经节
   C. 腹腔神经节
   D. 三叉神经节
   E. 肠系膜上神经节
2. 属于副交感神经节的是
   A. 睫状神经节
   B. 下颌下神经节
   C. 腹腔神经节
   D. 耳神经节
   E. 肠系膜上神经节

四、问答题

1. 试述交感神经和副交感神经的异同。
2. 试述交感神经节前纤维和节后纤维的去向。
3. 试述副交感神经节。

选择题参考答案

A 型题：
1. B   2. B   3. C   4. C   5. A

B 型题：

1. D　　2. C　　3. A　　4. B　　5. E

X 型题：

1. ABCE　　2. ABD

第十八章 神经系统的传导通路

1. **感觉（上行）传导通路**：
特点：三级神经元传导；Ⅱ级纤维越边，交叉到对侧；Ⅲ级纤维经过内囊后肢投射。
（1）**躯干、四肢的浅感觉**（痛、温、粗触觉）：

皮肤感受器 —周围突→ 脊神经节（Ⅰ）—中枢突→ 脊髓灰质后角（Ⅱ）—越边→ 脊髓丘脑束 →

丘脑腹后外侧核（Ⅲ）→ 丘脑中央辐射 —内囊后肢→ 中央后回上2/3

（2）**头面部的浅感觉**（痛、温、粗触觉）：

皮肤感受器 —周围突→ 三叉神经节（Ⅰ）—中枢突→ 三叉神经核（Ⅱ）—越边→ 三叉丘系 → 丘脑腹后

内侧核（Ⅲ）→ 丘脑中央辐射 —内囊后肢→ 中央后回下1/3

（3）**躯干、四肢的本体感觉和精细触觉**：

本体感受器 —周围突→ 脊神经节（Ⅰ）—中枢突形成薄束、楔束→ 薄束核、楔束核（Ⅱ）—越边→ 内侧

丘系 → 丘脑腹后外侧核（Ⅲ）→ 丘脑中央辐射 —内囊后肢→ 中央后回上2/3及中央前回

（4）**视觉传导通路**：

光线 → 视网膜视杆、视锥细胞 → 双极细胞 → 节细胞 —轴突→ 视神经 → 视交叉 → 视束 →

外侧膝状体 → 视辐射 → 视觉皮质（17区）

（5）**瞳孔对光反射通路**：

光照一侧瞳孔 → 视网膜视杆、视锥细胞 → 双极细胞 → 节细胞 —轴突→ 视神经 → 视交叉 →

视束 —上丘臂→ 顶盖前区 → 双侧动眼神经副核 → 动眼神经 → 睫状神经节（换元）—节后纤维→ 瞳

孔括约肌 → 双侧瞳孔缩小

2. **运动（下行）传导通路**：锥体系和锥体外系
（1）**锥体系**：支配骨骼肌的随意运动

中央前回等 →{ 皮质核束 —内囊膝→ 脑干的脑神经运动核 → 头面部肌肉

皮质脊髓束 —内囊后肢、大脑脚底、脑桥基底部、延髓锥体和锥体交叉→ 脊髓前

角运动神经元 → 躯干和四肢骨骼肌 }

（2）**锥体外系**。

病例27：
男，24岁，背部被刺伤，立刻跌倒，两下肢失去运动。数日右腿稍能活动。又过一周后右下

肢几乎恢复了运动,但左下肢完全瘫痪。检查发现:左下肢无随意运动,腱反射亢进,Babinski 征阳性。右侧躯干胸骨剑突水平以下和右下肢丧失痛和温度觉,但左侧痛、温度觉完好。左侧躯干剑突以下和左下肢触觉减弱,但右侧触觉未受影响。左下肢位置和被动觉丧失,但右下肢正常。

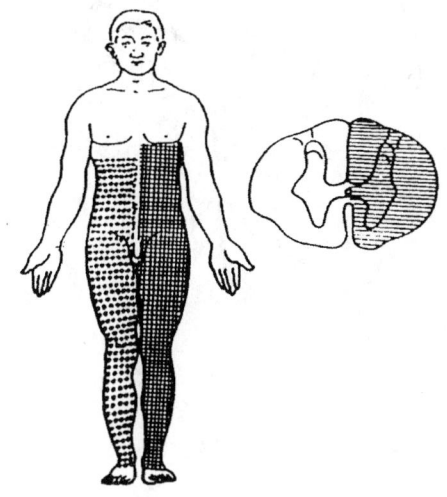

诊断:胸髓左侧半边横断

根据患者的表现,显然不是周围神经损伤,而是利刃刺伤了脊髓的传导通路(图示),伤区在第 5 胸椎,并偏左侧,在这个水平造成了脊髓左侧半边横断(Brown-sequard 综合征)。患者左下肢完全瘫痪,腱反射亢进,表明左侧皮质脊髓束损伤;左下肢位置、运动觉消失(薄束)和右侧痛、温度觉消失(脊髓丘脑束)也表明伤区在脊髓左侧。从患者痛、温度觉丧失区在剑突水平以下,推测脊髓受损伤的节段约在 $T_{6\sim7}$。

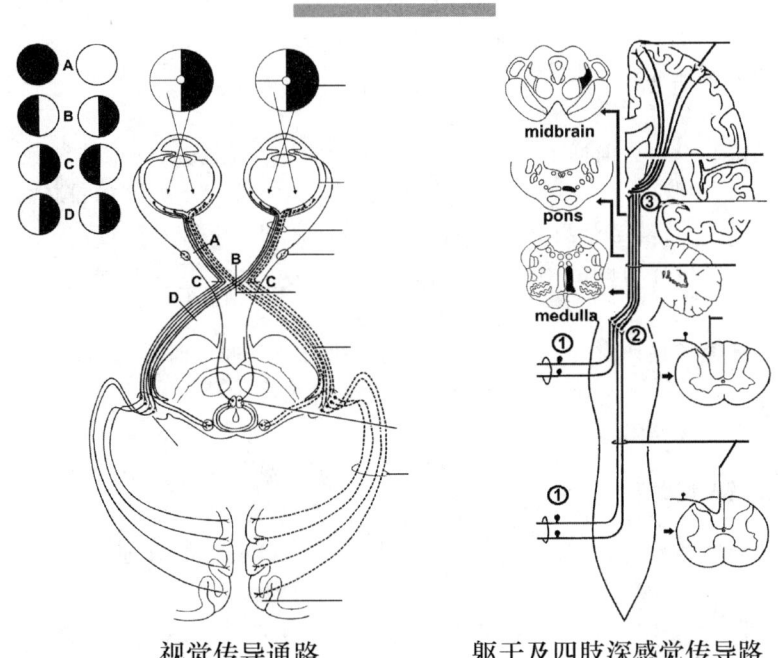

视觉传导通路　　　躯干及四肢深感觉传导路

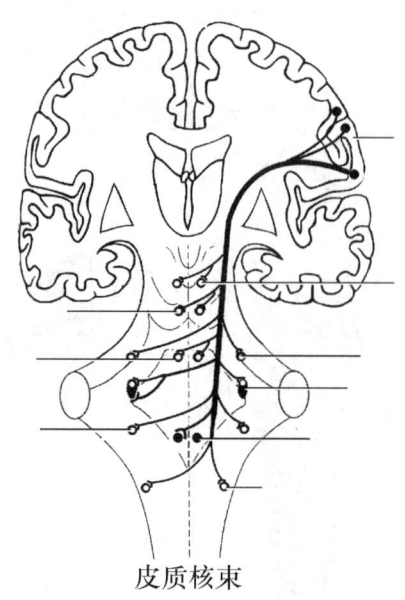

皮质核束

一、名词解释

1. 上、下运动神经元
2. 锥体外系

二、填空题

1. 感觉传导通路中，第三级神经元发出纤维经内囊后肢投射到大脑皮质中央后回和中央旁小叶后部的通路有_____、_____和_____。
2. 传导头面部痛温觉的纤维入脑后主要止于_____；而传导触压觉的纤维入脑后主要止于_____。
3. 皮质脊髓束起于中央前回上、中部和中央旁小叶前半部皮质的锥体细胞，纤维向下经内囊的_____、中脑的_____、脑桥的_____、延髓的锥体深方至延髓下部，大部纤维经_____越至对侧下行；小部分纤维仍在同侧下行入脊髓。
4. 一般躯体感觉传导通路的第三级神经元胞体在_____和_____，它们发出的纤维称_____。
5. 左侧舌下神经核损伤时，_____侧舌肌瘫痪，伸舌时舌尖歪向_____侧。

三、选择题

【A 型题】

1. 本体感觉的传导通路
   A. 传导皮肤的痛、温觉
   B. 第一级纤维进入脊髓后形成薄束和楔束
   C. 第二级纤维交叉后在脑干外侧索上行
   D. 第二级纤维形成外侧丘系
   E. 第三级纤维通过内囊膝到大脑皮质感觉区
2. 躯干四肢浅感觉的传导通路

A. 第一级神经元胞体位于脊髓灰质
B. 第二级纤维在延髓中央灰质腹侧交叉
C. 第二级神经元胞体位于脊髓后角
D. 第三级纤维经内囊前肢
E. 最后投射至大脑皮质中央后回的下 1/3 部

3. 头面部浅感觉的传导通路
A. 第一级神经元胞体位于脊神经节
B. 三叉神经脊束是第二级纤维
C. 第二级神经元胞体位于三叉神经运动核
D. 第三级纤维投射至大脑皮质中央后回中、上部和中央旁小叶后部
E. 第三级神经元的胞体位于背侧丘脑的腹后内侧核

4. 关于视觉传导通路
A. 节细胞感受光的刺激
B. 一侧视束含来自两眼视网膜同侧半的纤维
C. 两侧视神经纤维全部在视交叉处交叉至对侧
D. 一侧视神经损伤后出现双眼视野对侧半同向性偏盲
E. 视交叉中央部损伤后出现双眼视野鼻侧半偏盲

5. 瞳孔对光反射
A. 顶盖前区是瞳孔对光反射中枢
B. 一侧视神经受损后，光照健侧眼时，双侧瞳孔不能缩小
C. 一侧视束受损后，光照健侧眼时，患侧瞳孔不能缩小
D. 一侧动眼神经受损后，光照健侧眼时，可引起双侧瞳孔缩小
E. 一侧动眼神经损伤后，光照患侧眼时，双侧瞳孔均不能缩小

6. 关于锥体系中皮质核束的叙述**错误**的是
A. 主要由中央前回下部皮质的锥体细胞轴突构成
B. 一侧皮质核束损伤，可引起对侧眼裂以下面肌痉挛性瘫痪
C. 一侧皮质核束损伤，伸舌时舌尖偏向病灶对侧
D. 下行经内囊膝

E. 下行经大脑脚底外 1/5

7. 关于锥体外系中皮质—脑桥—小脑—皮质环路的叙述正确的是
A. 皮质脑桥束止于同侧脑桥核
B. 皮质脑桥束全部经内囊后肢下行
C. 脑桥核发出的纤维进入同侧小脑
D. 皮质脑桥束属上运动神经元
E. 皮质脑桥束损伤，引起对侧肢体瘫痪

【B 型题】

(1～3 题共用备选答案)
A. 薄束核和楔束核
B. 脊髓胶状质
C. 三叉神经脊束核
D. 孤束核
E. 三叉神经节

1. 本体感觉和精细触觉传导通路上的第二级神经元胞体位于
2. 头面部浅感觉传导通路的第一级神经元胞体位于
3. 头面部痛温觉传导通路的第二级神经元胞体位于

(4～5 题共用备选答案)
A. 脊神经节
B. 脊髓胶状质
C. 脊髓后角固有核
D. 脊髓灰质 Ⅰ、Ⅳ～Ⅶ 层
E. 胸核

4. 躯干四肢的浅感觉传导通路的第一级神经元胞体位于
5. 躯干四肢的浅感觉传导通路的第二级神经元胞体位于

(6～7 题共用备选答案)
A. 顶盖前区
B. 右侧动眼神经
C. 右侧视神经
D. 右侧外侧膝状体
E. 右侧视束

6. 光照患者左眼，左眼瞳孔缩小，右眼瞳孔不缩小，病灶在
7. 光照患者左眼，双眼瞳孔缩小，而光照右

眼时，双眼瞳孔均不缩小，病灶在

(8～9题共用备选答案)
A. 对侧鼻唇沟变浅或消失
B. 伸舌时舌尖偏向病灶对侧
C. 同侧鼻唇沟变浅或消失
D. 伸舌时舌尖偏向病灶侧
E. 病灶侧胸锁乳突肌发生瘫痪

8. 面神经核下瘫的特点是
9. 舌下神经核下瘫的特点是

【X型题】

1. 皮质脊髓束损伤时可导致

A. 病人出现痉挛性瘫痪
B. 肌肉不萎缩
C. 腱反射亢进
D. 浅反射亢进
E. 病理反射阳性

2. 一侧皮质核束损伤时可出现
A. 对侧舌肌瘫痪
B. 对侧咀嚼肌瘫痪
C. 对侧眼裂以下面肌瘫痪
D. 对侧咽喉肌瘫痪
E. 对侧胸锁乳突肌瘫痪

四、问答题

1. 简述皮质核束的起止、行程和功能。
2. 简述躯干和四肢深感觉传导路。
3. 简述视觉及瞳孔对光反射的传导路。
4. 简述角膜反射、上颌牙痛、针刺手小指的传导通路。

选择题参考答案

A型题：
1. B 2. C 3. E 4. B 5. A 6. E 7. A

B型题：
1. A 2. E 3. C 4. A 5. D 6. B 7. C 8. C 9. D

X型题：
1. ABCE 2. AC

轻松应试，成竹在胸

第十九章 脑和脊髓的被膜、血管及脑脊液循环

1. 脑和脊髓的被膜
（1）**硬膜**：硬脑膜（静脉）窦。
（2）**蛛网膜**：蛛网膜（颗）粒。
（3）**软膜**：脉络丛（产生脑脊液）。
☆☆硬膜外腔与蛛网膜下腔（内含脑脊液）
☆☆硬脑膜（静脉）窦：上/下矢状窦、海绵窦、直窦、横窦、乙状窦、窦汇、岩上/下窦
2. 脑和脊髓的血管
（1）脑的动脉：

	主要分支	分布
颈内动脉系	**大脑前动脉**	大脑半球的内侧面及上外侧面上部，内囊前脚等
	大脑中动脉	大脑半球的上外侧面大部及岛叶，内囊等
	前/后交通动脉	
	脉络丛前动脉	侧脑室脉络丛，内囊后脚，大脑脚底等
椎-基底动脉系	**大脑后动脉**	颞叶的底面和内侧面，枕叶，间脑等
	脊髓前、后动脉	脊髓
	小脑上动脉	小脑上部
	小脑下后动脉	小脑下面后部，延髓后外侧
	小脑下前动脉	小脑下面前部
	脑桥动脉	脑桥基底部
	迷路动脉	内耳迷路

> 锁骨下动脉窃血综合征（subclavian steal syndrome）：发生于椎动脉起始部近端的锁骨下动脉闭塞，患侧的椎动脉出现经基底动脉的逆行"窃血"，使得患侧上肢在血管阻塞时仍有血供，即血流由健侧椎动脉上行至基底动脉，然后逆行经患侧的椎动脉返回腋动脉。但少数病例在上肢运动时，可由于椎-基底动脉供血区的血流量过少，而出现诸如意识丧失或前庭症状。

（2）**大脑动脉环（Willis环）**：由前交通动脉、大脑前动脉、颈内动脉末端、后交通动脉、大脑后动脉吻合而成。位于颅底正中，环绕视交叉、灰结节、乳头体。

第十九章 脑和脊髓的被膜、血管及脑脊液循环

（3）**脑的静脉**：大脑大静脉等。

3. **脑脊液（cerebral spinal fluid，CSF）循环**：

脉络丛：产生 CSF，侧脑室、第三脑室、第四脑室。

侧脑室（CSF）$\xrightarrow{室间孔}$ 第三脑室（CSF）$\longrightarrow$ 中脑水管 $\longrightarrow$ 第四脑室（CSF）$\xrightarrow{正中孔、外侧孔}$ 蛛网膜下腔 $\xrightarrow{蛛网膜粒}$ 硬脑膜静脉窦 $\longrightarrow$ 静脉

病例 28：

男，14 岁，因与同学打架，被一木棍击中头部后出现短暂的昏倒，合并左侧头部外伤出血，急诊来院。患者入院时意识清醒，语言表达清楚，伤口位于左侧翼点的略后方，已没有明显地出血，颅骨未见明显的凹陷性骨折。入院后 1 小时，患者头痛和呕吐加剧，出现躁动不安、血压升高，并出现较长时间的昏迷和语言不清。左侧瞳孔缩小，对光反应迟钝。CT 检查：硬脑膜外血肿，小脑幕切迹疝待查。遂行骨窗开颅硬膜外血肿清除术，1 周后痊愈出院。

思考：参考附图讨论硬脑膜外血肿的压迫部位，分析硬脑膜外血肿的形成原因。

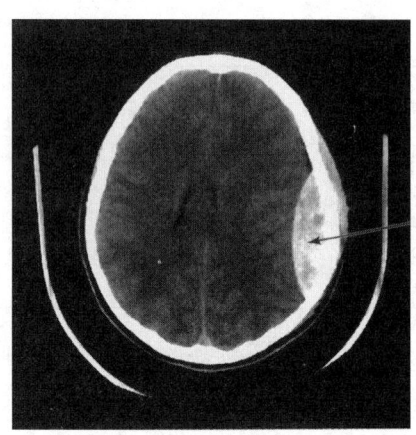

病例 29：

男，55 岁，因头晕跌倒，并未失去意识，当有人将他送至家中，发现患者语言不清。两个月后检查发现：四肢肌张力和反射正常，但右上、下肢有些共济失调，咀嚼肌、面肌及舌肌无麻痹。腭垂（悬雍垂）偏向左侧，表明右侧软腭肌麻痹。喉镜检查发现右声带麻痹。两足靠拢站立并闭目时，身体歪向右侧。右侧面部和左侧肢体、躯干痛和温度觉消失。触觉正常。

诊断：小脑下后动脉血栓形成

患者眩晕跌倒是由于右侧前庭神经核受刺激所致。由于小脑下后动脉的分支供应延髓的背外侧区，血管的病变阻断了右侧的三叉神经脊束（和核）和脊髓丘脑束。于是导致痛、温度觉消失。但是右侧软腭肌和声带麻痹，可能是什么神经核受到损伤？由于病灶侵及了与小脑相联系的纤维，出现共济失调。

第十九章 脑和脊髓的被膜、血管及脑脊液循环

轻松图解

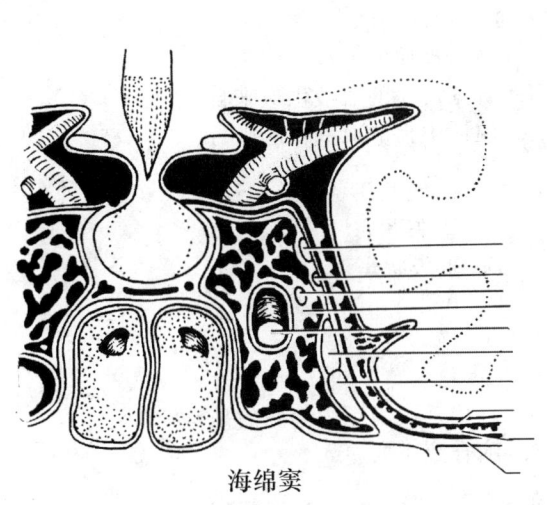

海绵窦

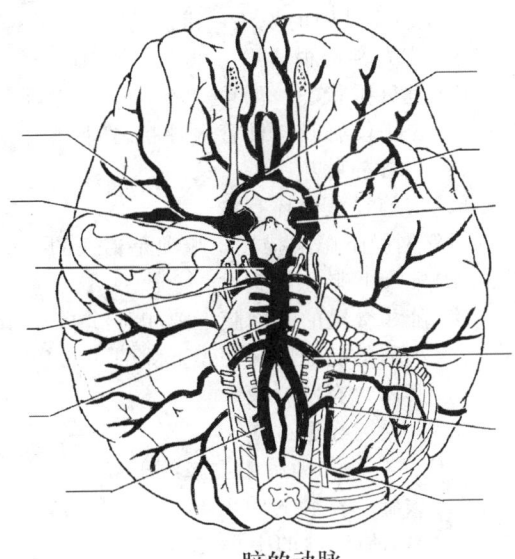

脑的动脉

轻松应试

一、名词解释

1. 硬膜外隙
2. 海绵窦
3. 脉络丛
4. 大脑动脉环

二、填空题

1. 脑和脊髓外面均包有 3 层被膜，由内向外依次为_____、_____和_____。
2. 硬脑膜的内层在某些部位折叠成双层，其中伸入大脑纵裂内的称_____；伸入到大脑半球枕叶与小脑之间者叫_____。
3. 位于蝶鞍两侧的硬脑膜窦称_____，其血液向后汇入_____和_____，向前与面部静脉借_____相交通。
4. 硬脊膜与椎管内面的_____之间有一间隙称_____。蛛网膜与软膜之间腔隙为_____，隙内充满_____。
5. 脑的供血动脉来源于_____和_____。脊髓的供血动脉来源于_____和_____。
6. 大脑前动脉由_____发出，向前内伸入大脑纵裂，沿_____背侧后行，其皮质支分布于大脑半球内侧面_____以前的部分、额叶底面的一部分和额顶 2 叶外侧面的_____。
7. 大脑中动脉由_____发出，沿_____后行，其皮质支分布于大脑半球_____和_____。

三、选择题

【A 型题】

1. 关于硬膜外隙的说法，**错误**的是
   A. 有脊神经根通过
   B. 呈负压状态
   C. 位于硬脊膜与椎管内骨膜之间
   D. 内含静脉丛
   E. 与脑脊液循环有关
2. 对蛛网膜下隙的描述，哪项是**错误**的
   A. 与第Ⅳ脑室相通
   B. 脑和脊髓的蛛网膜下隙相延续
   C. 小脑延髓池属蛛网膜下隙的一部分
   D. 其内含有脑脊液
   E. 有脊神经通过
3. 供应纹状体的动脉主要来源于
   A. 大脑中动脉的中央支
   B. 大脑后动脉的中央支
   C. 椎动脉的中央支
   D. 基底动脉的中央支
   E. 颈内动脉的中央支
4. 中央前回中 1/3 的供血来自
   A. 大脑前动脉
   B. 大脑中动脉
   C. 大脑后动脉
   D. 基底动脉
   E. 后交通动脉

【B 型题】

(1～2 题共用备选答案)
   A. 硬膜外隙
   B. 蛛网膜下隙
   C. 终池
   D. 小脑延髓池
   E. 硬膜下隙
1. 马尾位于
2. 位于蛛网膜与软脊膜之间的是

(3～5 题共用备选答案)
   A. 大脑前动脉
   B. 大脑中动脉
   C. 大脑后动脉
   D. 眼动脉
   E. 颈内动脉
3. 视觉皮质的血液供应来自
4. 听觉皮质的血液供应来自
5. 说话中枢的血液供应来自

(6～7 题共用备选答案)
   A. 上矢状窦
   B. 下矢状窦
   C. 窦汇
   D. 横窦
   E. 乙状窦
6. 直接延续为颈内静脉的是
7. 脑脊液主要渗入

【X 型题】

1. 属于颈内动脉分支供应的脑回是
   A. 顶下小叶
   B. 中央前回中下部
   C. 海马旁回
   D. 扣带回
   E. 角回
2. 供应到内囊的动脉有
   A. 脉络丛前动脉
   B. 大脑前动脉
   C. 大脑中动脉（豆纹动脉）
   D. 后交通动脉
   E. 大脑后动脉
3. 贴海绵窦外侧壁通过的神经有
   A. 眼神经
   B. 上颌神经
   C. 动眼神经
   D. 滑车神经
   E. 展神经

四、问答题

1. 成人宜在何部位进行腰椎穿刺？为什么？由浅入深要经过哪些结构？
2. 内囊由何动脉供血？若一侧内囊血管破裂出血，患者可出哪些主要症状？为什么？
3. 试述脑的动脉及大脑动脉环的组成。

4. 试述脑脊液循环的途径。
5. 海绵窦的交通及其穿行的结构。

选择题参考答案

A 型题：
1. E   2. E   3. A   4. B

B 型题：
1. C   2. B   3. C   4. B   5. A   6. E   7. A

X 型题：
1. ABE   2. ABCD   3. ABCD

"里急厚重"

第二十章 内分泌系统

内分泌系统的概念及结构特点

由内分泌器官和内分泌组织组成，内分泌器官在结构上独立存在，内分泌组织则是散在于其他器官组织中。内分泌系统和神经系统在结构和功能上都有密切联系。

内分泌腺	形态及位置	功能
垂体	椭圆形，重约0.5克，位于垂体窝内。上端借垂体柄连于下丘脑，前上方与视交叉相邻。由腺垂体和神经垂体两部分组成	垂体前叶能分泌生长激素、促甲状腺激素等，而垂体后叶则可以释放一些由下丘脑视上核和室旁核产生的重要激素（如抗利尿激素和催产素等）；漏斗核还可与周围组织合成分泌多种激素释放因子或抑制因子，影响垂体前叶内分泌活动
甲状腺	呈"H"形，分左、右两个侧叶和峡。左、右侧叶上平甲状软骨中点，下至第6气管软骨的前外侧，后方平对第5～7颈椎高度；甲状腺峡位于第2～4气管软骨环前方	分泌甲状腺素和降钙素，调控机体的基础代谢并影响生长发育
肾上腺	呈黄色，右侧为三角形，左侧近似半月形。位于腹膜之后，附于肾的内上方，肾上腺与肾共同包于肾筋膜内	肾上腺皮质可以分泌盐皮质激素（醛固酮）、糖皮质激素（皮质醇）及性激素（孕酮、雌激素和雄激素），肾上腺髓质还可分泌肾上腺素和去甲肾上腺素

病例30：

男，55岁，诊断2型糖尿病15年，一直未予正规治疗，血糖控制具体不详。近1个月来，患者无明显诱因地出现口渴多饮，伴乏力，体重减轻。1天前在田里插秧时突然昏迷送医院急诊。查体：T38.9℃，P109次/分，R27次/分，BP90/60mmHg，呼之不应，压眶反射存在，形体消瘦，呼吸深快，有烂苹果味，皮肤黏膜干燥，眼眶凹陷，两侧瞳孔等大正圆，左足跟部红肿、溃烂、有脓性分泌物。心、肺、腹（一）。测血糖30mmol/L，尿糖、尿酮体强阳性，pH7.2。入院诊断：2型糖尿病。采用胰岛素替代治疗，控制饮食，适当活动，再配合其他药物治疗，血糖恢复正常。

分析：糖尿病是一种多基因遗传性疾病，典型的症状为多饮、多尿、多食、体重减轻（"三多一少"）。由于胰岛素绝对或相对分泌不足而导致糖代谢紊乱，使血糖水平增高。当空腹血糖超过 7.0mmol/L 和（或）进餐后两小时血糖超过 11.1mmol/L 时，可诊断为"糖尿病"。由于血糖增高，导致血浆渗透压增高，产生渗透性利尿，加之口渴多饮使尿量增加。由于糖代谢障碍，不能保证给人体足够的能量和热量，机体开始动员脂肪和蛋白质供能，使机体消耗增加，所以出现消瘦。

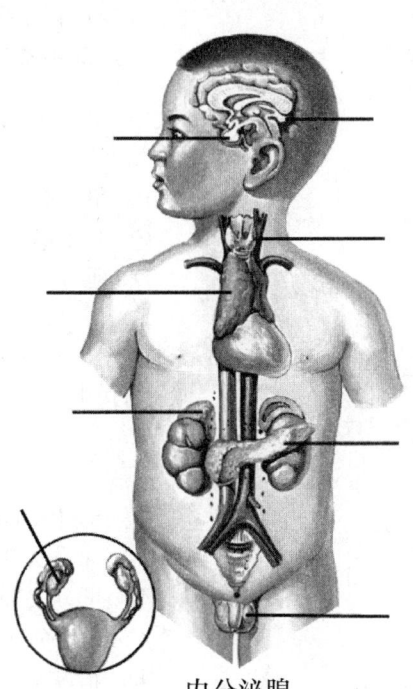

内分泌腺

一、名词解释

1. 甲状腺峡　　　　　　　　　　　　2. 垂体前叶

二、填空题

1. 内分泌系统由_____和_____组成。内分泌腺的分泌物称_____。
2. 甲状腺的形态一般可分为_____和_____。
4. 左侧肾上腺呈_____形，右侧为_____形，肾上腺与肾共同包于_____内。
5. 甲状旁腺位于_____，其分泌功能低下时，出现_____症。

6. 垂体位于蝶骨体上面的_____内，借_____连于_____。患垂体瘤时，可向前方压迫_____。

三、选择题

【A 型题】

1. 关于垂体的描述，哪项是正确的
   A. 成对
   B. 位于颅前窝
   C. 由神经组织组成
   D. 借垂体柄连于下丘脑
   E. 是身体内最简单的内分泌腺
2. 甲状腺位于颈前部
   A. 舌骨上肌群的深面
   B. 舌骨下肌群的深面
   C. 颈阔肌与舌骨下肌群之间
   D. 甲状软骨的前面
   E. 胸锁乳突肌的深面
3. 甲状腺峡横过
   A. 第 1～2 气管软骨环的前方
   B. 第 1～3 气管软骨环的前方
   C. 第 2～4 气管软骨环的前方
   D. 第 3～5 气管软骨环的前方
   E. 环状软骨弓的前方
4. 关于肾上腺的叙述、下列哪项是正确的
   A. 左肾上腺呈三角形
   B. 右肾上腺呈半月形
   C. 位于肾的上极偏外侧
   D. 位于肾的上极偏内侧
   E. 与肾一起包于肾纤维囊内
5. 在神经垂体内贮存的激素有
   A. 加压素和催产素
   B. 生长激素和抗利尿激素
   C. 促甲状腺素和生长激素
   D. 生长激素和促肾上腺皮质激素
   E. 促性腺激素和促甲状腺素

【B 型题】

(1～4 题共用备选答案)
   A. 甲状腺
   B. 甲状旁腺
   C. 肾上腺
   D. 垂体
   E. 松果体
1. 何种内分泌腺的分泌功能受碘的影响
2. 儿童时期功能低下，导致侏儒症的是
3. 成年后哪个内分泌腺可部分钙化
4. 分泌降钙素的是

(5～6 题共用备选答案)
   A. 甲状腺
   B. 甲状旁腺
   C. 肾上腺
   D. 垂体
   E. 松果体
5. 属于上丘脑的是
6. 结构上可分为皮质和髓质两部的是

【X 型题】

1. 关于垂体的描述正确的是
   A. 可分为腺垂体和神经垂体
   B. 可分泌加压素和催产素
   C. 位于垂体窝内
   D. 借漏斗连于下丘脑
   E. 可产生影响其他内分泌腺的激素
2. 关于甲状腺的描述正确的是
   A. 侧叶位于喉和气管两侧
   B. 位于舌骨下肌群深面
   C. 峡部位于 2～4 气管软骨环前方
   D. 侧叶后面附有甲状旁腺
   E. 甲状腺鞘由颈深筋膜中层形成

四、问答题

1. 简述甲状腺的位置和形态。
2. 简述垂体的位置及其与下丘脑的关系。(垂体肿瘤时常会出现视觉损伤，为什么?)
3. 肾下垂时，为何肾上腺并不随之下垂?

选择题参考答案

A 型题：

1. D   2. B   3. C   4. D   5. A

B 型题：

1. A   2. D   3. E   4. B   5. E   6. C

X 型题：

1. ACDE   2. ABCDE

北京大学医学部 《系统解剖学》模拟试卷-1

班级_____ 姓名_____ 学号_____ 成绩_____

一、填空题（每空0.5分，共30分）

1. 椎孔是由_____和_____围成的，各椎孔连接构成椎管，其内容纳_____，参与围成椎管的韧带有_____和_____。
2. 男性尿道可分_____、_____和_____三部。
3. 关节由_____、_____和_____组成。
4. 膈有3个裂孔，分别是_____、_____和_____。
5. 开口于中鼻道的鼻旁窦有_____、_____和_____。
6. 壁胸膜包括肋胸膜、_____、_____和_____。
7. 食管的第二狭窄处位于_____。输尿管的第二狭窄处位于_____。男性尿道的第二狭窄处位于_____。
8. 肝十二指肠韧带内有_____、_____和_____三个重要的结构。
9. 心的传导系包括_____、_____、_____、_____、_____等。
10. 直肠上、下动脉分别来源于_____、_____。
11. 肝门静脉由_____和_____汇合而成，而门静脉系与上、下腔静脉系间的三个主要吻合处是_____、_____和_____。
12. 淋巴导管包括胸导管和_____。其中胸导管最后注入_____。
13. 听觉感受器为_____。位置觉感受器为_____、_____和_____。
14. 房水是由_____产生的，经_____回流入静脉。
15. 腋神经肌支支配_____和_____肌。
16. 交感神经节中的椎前节主要有_____、_____和_____。
17. 脑干内的副交感核团从上到下依次是_____、_____、_____和_____。
18. 腹股沟疝修补术时，勿损伤_____和_____神经，以免导致_____疝的复发。
19. 脊髓和脑表面被覆有三层被膜，从外向内依次为_____、_____和_____。

二、单选题（每题1分，共20分）

1. 肱骨体后面中份有一斜行的沟是
   A. 尺神经沟
   B. 结节间沟
   C. 桡神经沟

D. 冠突窝
   E. 鹰嘴窝
2. **不含**味蕾的舌乳头是
   A. 菌状乳头
   B. 轮廓乳头
   C. 丝状乳头
   D. 叶状乳头
   E. 菌状乳头和轮廓乳头
3. 肝胰壶腹开口于
   A. 十二指肠上部
   B. 十二指肠水平部
   C. 十二指肠大乳头
   D. 十二指肠空肠曲
   E. 十二指肠小乳头
4. 开口于蝶筛隐窝的鼻旁窦是
   A. 蝶窦
   B. 上颌窦
   C. 筛窦前、中群
   D. 筛窦后群
   E. 额窦
5. 关于膀胱的说法正确的是
   A. 属于腹膜内位器官
   B. 充盈时膀胱全部位于小骨盆腔内
   C. 女性膀胱后方邻子宫颈和阴道上段
   D. 男性膀胱底的后方有前列腺
   E. 男性膀胱后方邻骶骨
6. 前列腺
   A. 与膀胱底相邻
   B. 为男性生殖腺之一
   C. 呈粟子形，尖朝上，底朝下
   D. 有尿道穿过
   E. 有输精管穿过
7. 奇静脉
   A. 来自左腰升静脉
   B. 收集左肋间后静脉
   C. 注入下腔静脉
   D. 注入上腔静脉
   E. 注入肝门静脉
8. 脾
   A. 位于右季肋区
   B. 与第9～11肋相对
   C. 其长轴与肋弓一致

   D. 下缘有2～3个脾切迹
   E. 位于右腰区
9. 上直肌收缩时，瞳孔转向
   A. 上
   B. 上外
   C. 上内
   D. 下外
   E. 下
10. 咽鼓管开口于鼓室的
    A. 前壁
    B. 后壁
    C. 上壁
    D. 下壁
    E. 内侧壁
11. 通过主动脉裂孔的结构是
    A. 胸导管
    B. 迷走神经
    C. 下腔静脉
    D. 食管
    E. 膈神经
12. 属于腹膜外位器官的是
    A. 胃
    B. 阑尾
    C. 输尿管
    D. 肝
    E. 膀胱
13. 女性尿道开口于
    A. 阴道口后方
    B. 阴道口前方
    C. 肛门前方
    D. 阴道前庭后部
    E. 阴道口上方
14. 输卵管
    A. 外侧2/3为输卵管漏斗
    B. 内侧1/3为子宫部
    C. 常于输卵管峡行结扎术
    D. 壶腹部在漏斗的外侧
    E. 外端连于卵巢
15. 内侧丘系传导
    A. 痛温觉
    B. 听觉
    C. 本体感觉和精细触觉

D. 平衡觉
　　E. 味觉
16. 内耳的听觉感受器是
　　A. 球囊斑
　　B. 椭圆囊斑
　　C. 壶腹嵴
　　D. 螺旋器
　　E. 螺旋神经节
17. 病人的瞳孔向内斜视是损伤了
　　A. 动眼神经
　　B. 滑车神经
　　C. 展神经
　　D. 眼神经
　　E. 视神经
18. 头静脉
　　A. 为上肢的深静脉
　　B. 起于手背静脉网桡侧
　　C. 沿肘窝正中走行
　　D. 注入头臂静脉
　　E. 起于手背静脉网尺侧
19. 大隐静脉走行经过
　　A. 外踝前方
　　B. 外踝后方
　　C. 内踝前方
　　D. 内踝后方
　　E. 内、外踝前方中点
20. 角膜反射的传入神经为
　　A. 眼神经
　　B. 视神经
　　C. 动眼神经
　　D. 上颌神经
　　E. 额神经

三、简答题（共45分）

1. 简述子宫的正常位置及其固定装置。（5分）
2. 简述支配眼外肌的脑神经及其相关的神经核。（5分）
3. 试述腹股沟管各壁的构成及通行的结构。（6分）
4. 唾液腺有哪几对，各开口于何处？（6分）
5. 试述脑脊液的循环路径。（5分）
6. 简述左、右冠状动脉的分布。（5分）
7. 内囊的位置、内部结构，损伤后表现及分析其原因。（6分）
8. 针刺左手小指，痛觉经何途径传递到感觉中枢？（7分）

四、英译汉（每题0.5分，共5分）

1. pelvis　　　　（　　　　　）
2. duodenum　　（　　　　　）
3. larynx　　　　（　　　　　）
4. uterus　　　　（　　　　　）
5. peritoneum　　（　　　　　）
6. atrium　　　　　　（　　　　　）
7. hepatic portal vein（　　　　　）
8. cochlea　　　　　（　　　　　）
9. diencephalon　　　（　　　　　）
10. vagus nerve　　　（　　　　　）

北京大学医学部 《系统解剖学》模拟试卷-2

班级_____ 姓名_____ 学号_____ 成绩_____

一、填空题（每空0.5分，共40分）

1. 面颅骨中不成对的是_____、_____和_____。
2. 胸廓上口由_____、_____和_____围成。
3. 坐骨小孔由_____、_____和_____围成。
4. 膈的主动脉裂孔内有_____和_____通过；腔静脉孔内有_____通过。
5. 小腿三头肌的作用是使足_____，支配此肌的神经为_____。
6. 舌下阜上有_____腺和_____腺的开口。此二腺的分泌由_____神经控制。
7. stomach 大部位于_____区，其前壁在右侧与_____贴近，在左侧与_____相邻。
8. rectum 在矢状面上有两个弯曲，即_____曲和_____曲。
9. 开口于中鼻道的鼻旁窦有_____、_____和_____。
10. 喉腔中最狭窄的部位是_____。开大声门的喉肌是_____，支配此肌的神经为_____。
11. 肾区是指位于_____和_____之间的部位。
12. prostate 底与_____、_____和_____相邻。
13. 共同包被睾丸、附睾及精索的被膜，自阴囊皮肤开始由浅入深依次为_____、_____、_____和_____。
14. 网膜囊的前壁由_____、_____和_____组成。网膜孔的前界为_____。
15. right coronary artery 起于_____，它的分支可分布于室间隔的_____。
16. 分布于胃底前、后壁的动脉是_____，它发自_____，走行于_____韧带中。
17. 掌深弓由_____和_____吻合而成。甲状腺下动脉发自_____。
18. hepatic portal vein 系的_____静脉经食管静脉丛与上腔静脉系中_____静脉相吻合。
19. 上斜肌可使瞳孔转向_____方，支配此肌的神经为_____。
20. 眼球的屈光系统包括_____、_____、_____和_____。
21. 中耳鼓室的前壁为_____壁，此壁的上方有_____的开口。
22. 膈神经的感觉纤维分布于_____和_____。
23. 坐骨神经经_____出盆腔，行于_____肌深面至股后。
24. vagus nerve 一般躯体感觉纤维的胞体位于_____，其特殊内脏运动纤维起自_____核。

167

25. 交感神经的低级中枢位于＿＿＿＿＿＿＿＿。腹腔神经节位于＿＿＿＿＿＿的根部，接受＿＿＿＿＿＿＿的节前纤维。
26. 面神经丘深方有＿＿＿＿＿＿核，此核接受＿＿＿＿＿＿＿束的纤维支配。
27. diencephalon 中腹后内侧核接受＿＿＿＿＿＿和＿＿＿＿＿＿的纤维。
28. 大脑皮质的听区位于＿＿＿＿＿＿回。运动性语言中枢位于优势半球的＿＿＿＿＿＿处。
29. 海绵窦位于＿＿＿＿＿＿＿，窦内有＿＿＿＿＿＿和＿＿＿＿＿＿穿过。
30. 英译汉：hippocampus ＿＿＿＿＿＿＿, ventricle ＿＿＿＿＿＿＿, uterus ＿＿＿＿＿＿＿, fasciculus gracilis ＿＿＿＿＿＿＿。

二、选择题（每题1分，共15分。从各题的五个备选答案中选择1个或多个正确答案，将其序号填入题后的括号内，多选或少选全题无分）

1. 脑膜中动脉穿行颅底的结构是
   A. 圆孔
   B. 棘孔
   C. 破裂孔
   D. 卵圆孔
   E. 茎乳孔
2. 可使臂外展的肌是
   A. sternocleidomastoid muscle
   B. diaphragm
   C. biceps brachii muscle
   D. tendo calcaneus
   E. deltoid muscle
3. 关于 esophagus 的描述正确的是
   A. 为管径上下均匀一致的肌性管道
   B. 可分为颈部、胸部和腹部三部分
   C. 下端续接于 pharynx
   D. 位于 trachea 的前方
   E. 第二个狭窄处距中切牙约 40cm
4. 关于输精管的叙述，**错误**的是
   A. 起于附睾尾，全长可分为睾丸部、精索部、腹股沟管部和盆部
   B. 为构成精索的主要成分
   C. 末端膨大紧贴膀胱底恰在精囊内侧
   D. 管腔较细，管壁较薄
   E. 末端与精囊的排泄管汇合形成射精管，开口于尿道的前列腺部
5. 关于心的描述，正确的是
   A. 心尖切迹位于心尖的左侧
   B. 心底与膈相贴
   C. 室间隔上有卵圆窝
   D. 后室间沟内有左冠状动脉的后室间支
   E. 心的左缘由左心耳和左心室构成
6. 属于 brachial plexus 分支的是
   A. hypoglossal nerve
   B. trigeminal nerve
   C. median nerve
   D. facial nerve
   E. vagus nerve
7. 参与角膜反射的脑神经是
   A. 视神经
   B. 三叉神经
   C. 面神经
   D. 舌咽神经
   E. 迷走神经
8. 右侧 internal capsule 后脚受损，可能出现的病症是
   A. 嗅觉丧失
   B. 双眼视野左侧半同向性偏盲
   C. 右侧肢体和半身出现痉挛性瘫痪
   D. 右侧肢体和半身出现深浅感觉丧失
   E. 伸舌时，舌尖偏向左侧
9. 属于腹膜内位器官的是
   A. superior part of duodenum
   B. stomach
   C. transverse colon
   D. vermiform appendix
   E. ovary
10. 大脑中央前回下 2/3 的动脉供应来自于
    A. 大脑前动脉皮质支
    B. 大脑中动脉皮质支
    C. 大脑中动脉中央支
    D. 大脑后动脉皮质支

E. 后交通动脉
11. 属于椎体之间连结的结构是
    A. 棘上韧带
    B. 前纵韧带
    C. 黄韧带
    D. 椎间盘
    E. 棘间韧带
12. 肝十二指肠韧带内的结构有
    A. 肝静脉
    B. 肝门静脉
    C. 肝固有动脉
    D. 肝总动脉
    E. 肠系膜上动脉
13. 属于大隐静脉高位属支的是
    A. 股外侧浅静脉
    B. 阴部外静脉

C. 旋髂浅静脉
D. 腹壁下静脉
E. 腹壁浅静脉
14. 参与瞳孔对光反射的结构有
    A. retina
    B. diencephalon
    C. trigeminal nerve
    D. medial geniculate body
    E. internal capsule
15. 脊髓 T_6 右半横断时,在脊髓 T_6 分布节段以下出现的功能障碍有
    A. 左侧痛温觉消失
    B. 右侧痛温觉消失
    C. 左侧本体感觉消失
    D. 右侧本体感觉消失
    E. 右侧运动障碍

三、简答题（共 45 分。1～7 题 8 年制同学必选，非 8 年制同学第 7 和第 8 题任选 1 题）

1. 简述腹股沟管的位置、构成及其中通过的结构。（7 分）
2. 简述肝的位置、体表投影及其相关的动、静脉。（7 分）
3. 简述当男性肾盂结石排出体外时，可先后经过的结构。（6 分）
4. 在患者手背静脉网的桡侧注入青霉素后，药物经何途径到达阑尾？（可用箭头表示）。（6 分）
5. 简述与视器有关的神经及其功能。（6 分）
6. 简述脑干内属于一般内脏运动柱的脑神经核名称及其相关神经和效应器。（6 分）
7. 简述当针刺小指皮肤时，痛觉传至大脑皮质的具体传导通路（要求定位）。（7 分）
8. 简述躯干和四肢的深感觉传导通路。（7 分）

北京大学医学部 《系统解剖学》模拟试卷-3

班级_____ 姓名_____ 学号_____ 成绩_____

一、填空题（每空0.5分，共30分）

1. 在蝶骨大翼上，由前内向后外依次有_____孔、_____孔和_____孔，依次有_____、_____和_____结构通过。
2. 开口于中鼻道的鼻旁窦有_____、_____和_____。
3. 胸廓上口由_____、_____和_____围成。
4. diaphragm 在第10胸椎水平有_____孔，有_____和_____通过。
5. stomach 大部位于_____区，其前壁在右侧与_____贴近，在左侧与_____相邻。
6. 开大声门的喉肌是_____，支配此肌的神经为_____。
7. 肾区的体表位置在_____与_____之间的夹角处。
8. 男性尿道有3处管径较狭窄，依次是_____、_____和_____。
9. 肝十二指肠韧带内有_____、_____和_____。
10. left coronary artery 起于_____，它的分支可分布于室间隔的_____。
11. spleen 位于_____区，与第_____肋相对。脾肿大时临床触诊的标志是_____。
12. thoracic duct 起自_____，经_____入胸腔，最后注入_____。
13. 当睫状肌收缩时，睫状小带_____，晶状体的凸度_____。
14. 位置觉感受器包括_____、_____和_____。
15. 舌下阜上有_____腺和_____腺的开口。此二腺的分泌由_____神经控制。
16. 交感神经的节前神经元胞体位于_____，节后神经元胞体位于_____和_____。
17. 自疑核发出的纤维出脑后分别加入_____、_____和_____神经，主要支配_____。
18. 视觉中枢位于_____。
19. diencephalon 中腹后外侧核接受_____和_____的纤维。
20. 脑的供血动脉来源于_____和_____。
21. 硬脊膜与椎管内面的骨膜之间有一间隙称_____。蛛网膜与软膜之间腔隙为_____，隙内充满_____。
22. 海绵窦内有_____和_____穿过。

二、选择题（每空 1 分，共 15 分）

1. 肩胛骨下角平对
   A. 第 6 肋骨
   B. 第 7 肋骨
   C. 第 8 肋骨
   D. 第 9 肋骨
   E. 第 10 肋骨
2. 可使臂外展的肌是
   A. sternocleidomastoid muscle
   B. diapgragm
   C. biceps brachii muscle
   D. tendo calcaneus
   E. deltoid muscle
3. 形成腹股沟管下壁的是
   A. 腹外斜肌
   B. 腹横肌
   C. 腹股沟韧带
   D. 腹外斜肌腱膜
   E. 腹横筋膜
4. 不含味蕾的舌乳头是
   A. 菌状乳头
   B. 轮廓乳头
   C. 丝状乳头
   D. 叶状乳头
   E. 菌状乳头和轮廓乳头
5. 肺的下界在锁骨中线处
   A. 与第 6 肋相交
   B. 与第 8 肋相交
   C. 与第 10 肋相交
   D. 与第 11 肋相交
   E. 与第 12 肋相交
6. 在女性，与膀胱底相毗邻的结构是
   A. testis
   B. rectum
   C. prostate
   D. vagina
   E. ureter
7. 心传导系统的右束支走行通过
   A. 梳状肌
   B. 隔缘肉柱
   C. 前尖瓣
   D. 卵圆窝
   E. 肺动脉瓣
8. 角膜反射的传入神经为
   A. ophthalmic nerve
   B. optic nerve
   C. oculomotor nerve
   D. maxillary nerve
   E. facial nerve
9. 某患者出现瞳孔向内斜视，可能损伤了
   A. 动眼神经
   B. 滑车神经
   C. 展神经
   D. 眼神经
   E. 视神经
10. 某患者肱骨中段出现骨折，可能损伤的神经是
    A. 腋神经
    B. 正中神经
    C. 尺神经
    D. 桡神经
    E. 肌皮神经
11. 参与构成骨盆界线的是
    A. 髂结节
    B. 骶骨岬
    C. 弓状线
    D. 耻骨梳
    E. 耻骨结节
12. 属于腹膜内位器官的是
    A. jejunum
    B. stomach
    C. transverse colon
    D. vermiform appendix
    E. liver
13. 大隐静脉的高位属支有
    A. 腹壁浅静脉
    B. 腹壁下静脉
    C. 阴部外静脉
    D. 股外侧浅静脉
    E. 股内侧浅静脉
14. 某患者脊髓 T6 右半横断，在损伤平面以

下出现的功能障碍有
A. 左侧痛温觉消失
B. 右侧痛温觉消失
C. 左侧本体感觉消失
D. 右侧本体感觉消失
E. 右侧运动障碍

15. 含一般内脏运动纤维的神经是
A. 动眼神经
B. 三叉神经
C. 面神经
D. 舌咽神经
E. 迷走神经

三、简答题（共 48 分）

1. 某患者因椎间盘突出症出现明显的腰腿痛，请简述椎骨间的连结。（6 分）
2. 某患儿因"马蹄内翻足"畸形就医，请简述与距小腿关节相关的骨骼肌及其神经支配。（6 分）
3. 某女性因子宫肌瘤行手术治疗，请简述子宫的位置、固定装置、相关的动脉及其来源。（6 分）
4. 某患者因"转移性右下腹疼痛"和"反跳痛"就诊，诊断为阑尾炎。①如果自手背静脉网的桡侧注入青霉素，请简述药物经过怎样的途径到达阑尾（可用箭头表示，6 分）；②如果行传统的阑尾切除手术，请简述阑尾根部的体表投影及经该点的腹壁层次（6 分）；③请简述阑尾的常见位置变异（4 分）和"转移性右下腹疼痛"和"反跳痛"的原因（1 分）。
5. 某老年患者因脑卒中表现出了典型的"三偏综合征"，请简述内囊的位置、结构，损伤后的主要具体症状，分析其原因。（7 分）
6. 某患者针刺左侧小指取血，简述痛觉经何途径传至大脑皮质？（可用箭头表示）（6 分）

四、病例分析（共 7 分）

王师傅，50 岁，因上腹部剧痛和吐血来医院就诊。患者有近 20 年的酗酒史；半年前曾因少量的上消化道出血而住院治疗，曾有鲜血便排出，有时是黑便。入院查体：患者呕吐物为红色的血液，血压偏低，脉搏较快；患者消瘦、精神不振，皮肤和结膜轻度黄染，面色黝黑，眼睛略凹陷。在患者的面颊部、颈部、上肢和胸壁等处可见明显的"蜘蛛痣"。腹部大而膨隆，触诊提示为增大的肝和脾。脐周腹壁可见大量迂曲的静脉，呈放射状走行。B 超声检查：大结节性肝硬化合并中度脾肿大。胃镜下可见胃内积血，食管下段和胃底静脉曲张合并破裂出血。血液检查：血浆白蛋白 25g/L（低蛋白血症）。诊断：肝硬化合并肝门静脉高压症、上消化道出血、脾肿大。

1. 简述肝门静脉的属支。（3 分）
2. 从解剖学角度分析"鲜血便"、"脐周腹壁可见大量迂曲的静脉"和"食管下段和胃底静脉曲张合并破裂出血"的原因。（4 分）

专业名词英中文对照

A

abdominal cavity	腹腔
abducent nerve	展神经
accessory nerve	副神经
anal canal	肛管
ankle joint	踝关节
anus	肛门
aorta	主动脉
articular capsule	关节囊
articular disc	关节盘
atrioventricular node	房室结
axillary lymph nodes	腋淋巴结

B

basal nuclei	基底核
biceps brachii	肱二头肌
brachial artery	肱动脉
brachial plexus	臂丛
brachialis	肱肌
brachiocephalic trunk	头臂干
brain stem	脑干
bronchi	支气管

C

c(a)ecum	盲肠
celiac trunk	腹腔干
cephalic vein	头静脉
cerebellum	小脑
cerebral arterial circle	大脑动脉环
cervical plexus	颈丛
clavicle	锁骨
colon	结肠
common bile duct	胆总管
cornea	角膜
coronary artery	冠状动脉
cortex	皮质
corticospinal tract	皮质脊髓束

D

deltoid	三角肌
diaphragm	膈
diencephalon	间脑
dorsal nucleus of vagus nerve	迷走神经背核
dorsal thalamus	背侧丘脑
duodenum	十二指肠

E

elbow joint	肘关节
esophagus	食管

F

facial nerve	面神经
fasciculus cuneatus	楔束
fasciculus gracilis	薄束
femoral nerve	股神经
frontal bone	额骨

G

gallbladder	胆囊
ganglion	神经节
glossopharyngeal nerve	舌咽神经
gray matter	灰质
great cardiac vein	心大静脉
great saphenous vein	大隐静脉
greater omentum	大网膜

H

heart	心
hepatic portal vein	肝门静脉
hip joint	髋关节
humerus	肱骨
hypoglossal nerve	舌下神经
hypophysis	垂体

I

ileocecal valve	回盲瓣

ileum	回肠	
ilium	髂骨	
inferior vena cava	下腔静脉	
inguinal ligament	腹股沟韧带	
internal capsule	内囊	
internal carotid artery	颈内动脉	
interventricular septum	室间隔	
intervertebral discs	椎间盘	
ischium	坐骨	

J

jejunum	空肠	

K

kidney	肾	
knee joint	膝关节	

L

larynx	喉	
left ventricle	左心室	
lens	晶状体	
liver	肝	
lumbar plexus	腰丛	
lung	肺	
lymph	淋巴	
lymphatic duct	淋巴导管	
lymphatic trunk	淋巴干	

M

mamma（breast）	乳房	
mandible	下颌骨	
maxillary sinus	上颌窦	
medial eminence	内侧隆起	
medial geniculate body	内侧膝状体	
medial lemniscus	内侧丘系	
median cubital vein	肘正中静脉	
median nerve	正中神经	
mediastinum	纵隔	
medulla oblongata	延髓	
menisci	半月板	
metathalamus	后丘脑	
middle cerebral artery	大脑中动脉	
mitral valve	二尖瓣	

N

nerve	神经	
neuron	神经元	
nucleus	神经核	
nucleus ambiguus	疑核	
nucleus of facial nerve	面神经核	
nucleus of trochlear nerve	滑车神经核	

O

obturator artery	闭孔动脉	
occipital bone	枕骨	
oculomotor nerve	动眼神经	
olfactory nerves	嗅神经	
omentum	网膜	
ophthalmic nerve	眼神经	
optic nerve	视神经	
oral cavity	口腔	
orbit	眶	
ovary	卵巢	

P

palatine tonsil	腭扁桃体	
pancreas	胰	
parasympathetic nerve	副交感神经	
parietal peritoneum	壁腹膜	
peritoneal cavity	腹膜腔	
peritoneum	腹膜	
pectoralis major	胸大肌	
pericardium	心包	
pharynx	咽	
pleura	胸膜	
plexus	丛	
pons	脑桥	
posterior cerebral artery	大脑后动脉	
posterior cranial fossa	颅后窝	
prostate	前列腺	
pubis	耻骨	

Q

quadriceps femoris	股四头肌	

R

radial nerve	桡神经	
radius	桡骨	
rectum	直肠	
red nucleus	红核	
renal columns	肾柱	

renal pelvis	肾盂		thorax	胸廓	**
retina	视网膜	**	thyroid gland	甲状腺	**
right atrium	右心房	**	tibia	胫骨	
right auricle	右心耳		tibial nerve	胫神经	
right coronary artery	右冠状动脉		tibialis posterior	胫骨后肌	
right gastric artery	胃右动脉		tongue	舌	
right lymphatic duct	右淋巴导管		trachea	气管	
right ventricle	右心室		transverse colon	横结肠	
			trapezius	斜方肌	
			triceps brachii	肱三头肌	

S

sacral plexus	骶丛	
sacrum	骶骨	**
salivary glands	唾液腺	**
scapula	肩胛骨	**
sciatic nerve	坐骨神经	**
shoulder joint	肩关节	
sinuatrial node	窦房结	**
skull	颅	
spermatic cord	精索	**
spinal cord	脊髓	**
spinal ganglion	脊神经节	
spleen	脾	**
sternocleidomastoid	胸锁乳突肌	**
sternum	胸骨	**
stomach	胃	**
submandibular gland	下颌下腺	**
substantia nigra	黑质	**
superior thyroid artery	甲状腺上动脉	
superior vena cava	上腔静脉	
sympathetic nerve	交感神经	**
sympathetic ganglion	交感神经节	
synapse	突触	**

tricuspid valve	三尖瓣	**
trigeminal lemniscus	三叉丘系	
trigeminal nerve	三叉神经	**
trigone of bladder	膀胱三角	
trochlear nerve	滑车神经	
tympanic cavity	鼓室	**

U

ulna	尺骨	**
ulnar nerve	尺神经	
ureter	输尿管	**
urinary bladder	膀胱	**
uterine tube	输卵管	
uterus	子宫	**

V

vagina	阴道	**
vein	静脉	
ventral lateral nucleus	腹外侧核	
ventral posterior nucleus	腹后核	**
vermiform appendix	阑尾	**
vertebrae	椎骨	
vertebral canal	椎管	
vertebral column	脊柱	**
vestibule	前庭	
vocal fold	声襞	**

T

telencephalon	端脑	**
temporal bone	颞骨	
testis	睾丸	**
thoracic duct	胸导管	**
thoracic vertebrae	胸椎	**
thoracodorsal nerve	胸背神经	

W

white line	白线	

注：** 为建议掌握词汇。

主要参考书目

[1] 王大玫. 外科手术学与局部解剖学. 北京：人民卫生出版社，1963.
[2] 郑思竞. 系统解剖学. 3版. 北京：人民卫生出版社，1989.
[3] 柏树令，应大君. 系统解剖学. 8版. 北京：人民卫生出版社，2013.
[4] 刘树伟，李瑞锡. 局部解剖学. 8版. 北京：人民卫生出版社，2013.
[5] 刘树伟. 断层解剖学. 北京：人民卫生出版社，1998.
[6] 于恩华. 人体解剖学. 北京：北京大学医学出版社，2003.
[7] 张卫光. 医学形态学实验教程（人体解剖学）. 北京：北京大学医学出版社，2008.
[8] Graaff KVD. Human Anatomy. 5th. McGraw-Hill Companies，2000.
[9] Eugene C Toy，et al. Case File™ Gross Anatomy. McGraw-Hill Companies，2005.
[10] Keith L Moore. Clinically Oriented Anatomy. 3th. Willians & Wilkins，1992.
[11] Sunsan Standring. Gray's Anatomy. 39th，2007.